Tessin

Meine Lieblingsplätze

◆

Grotti am Luganer See
Schon die Anfahrt macht Spaß: Nur mit dem Schiff sind diese Restaurants zu erreichen. Hier gibt es traditionelle Tessiner Gerichte in garantiert autofreier Umgebung
S. 125

◆

Monte Tamaro
Wer glaubt, moderne Architektur sei kalt und seelenlos, sollte unbedingt diese Kirche von Mario Botta besuchen – ein poetischer Ort in 1567 Metern Höhe
S. 58

◆

Brissago-Inseln im Lago Maggiore
Der See ist das Sehnsuchtsziel aller Tessin-Reisenden. Und der botanische Garten auf San Pancrazio zeigt die faszinierende Vielfalt der Natur
S. 82

Liebe Leserin, lieber Leser,

in meiner Studentenzeit war ich mit der Bahn auf dem Weg nach Italien, der Zug schraubte sich den Gotthard hoch, fuhr durch den Tunnel – und als er dann bei Airolo den Berg wieder verließ, sah ich bald ein Land des leichten Lichts, ein Land der Palmen und der zauberhaft blauen Seen. Erst später habe ich das Tessin richtig erkunden können, doch die Faszination dieses „ersten Südens" hat sich mir damals sofort erschlossen.

Bei den Recherchen für diese Tessin-Ausgabe war ich wieder überrascht von der Lebendigkeit in diesem Kanton, der nicht viel mehr Einwohner hat als mancher deutsche Landkreis. Das große Filmfestival in Locarno etwa zählt zu den bedeutendsten weltweit, immer im August treffen sich hier Stars, Regisseure und Produzenten. Oder Ascona: Dort hat vor kurzem eine Reihe hipper Bars und Restaurants eröffnet – junge Leute bringen so das Leben zurück in den einstigen Jetset-Treff am Lago Maggiore. Und tief unterm Gotthard graben 2000 Arbeiter am einem gigantischen Projekt: Es entsteht der längste Eisenbahntunnel der Welt – ab 2017 wird das Tessin so noch stärker an den Norden Europas heranrücken.

Außerdem ist da Mario Botta, der in seinem Büro in Lugano Bauten entwirft, die überall auf der Welt Wirklichkeit werden. Der internationale Stararchitekt hat niemals daran gedacht, aus dem Tessin wegzugehen, wie er in einem Gespräch mit MERIAN erzählt. Nur hier in seiner Heimat habe er Kraft und Ideen für sein Werk finden können.

Lassen Sie sich ein auf dieses inspirierende, immer neue Land, in dem der Süden beginnt.

Herzlich, Ihr

Andreas Hallaschka
MERIAN-Chefredakteur

Für MERIAN unterwegs

Faszinierende Neubauten fotografierte **Jörg Modrow**: Bottas Kirche in Mogno (Foto) und den Gotthardtunnel **Seite 94**

Jonas Morgenthaler spielte als Kind gern in Bächen. Jetzt probierte er den Abenteuersport Canyoning aus **Seite 48**

Fotograf **Peter Hirth** und Autorin **Elke Michel** bestiegen ein Unesco-Welterbe – die Burgen von Bellinzona **Seite 104**

INHALT

Tessin

SEITE 26

ASCONA IST AUFGEWACHT

Mehr Berlin-Mitte als Italo-Romantik: Junge Leute feiern in hippen Bars und Restaurants

MERIAN | Reise-Service ab Seite 115

SEITE 12

ENDLICH IM SÜDEN

Angekommen im Land der Blüten und weiten Seen: Von Morcote aus geht der Blick über den Lago di Lugano Richtung Italien

SEITE 36

WO DICHTER UND FÜRSTEN ZU GAST WAREN

Viel Raum für Luxus: Lobby des Hotels „Splendide Royal" in Lugano

SEITE 58

BOTTAS LAND

Er baut in der ganzen Welt, ist aber noch immer im Tessin zu Hause. Unterwegs mit Mario Botta ins Dorf seiner Kindheit

SEITE 104

STADT DER BURGEN

Festung in strategischer Lage: Wer hier über die Alpen will, muss durch Bellinzona

SEITE 66

AB IN DIE WILDNIS

Allein mit der Natur ist der Wanderer im menschenleeren Val di Lodrino

SEITE 48

DEN FELS SPÜREN

Es geht abwärts: Beim Canyoning rutschen und springen Abenteurer Schluchten hinab

Lizenz zum Springen

Als James Bond ins Verzascatal kam, tat er das, was die Leute hier gerne tun: Er stürzte sich in den Abgrund – und zwar am Bungeeseil von einem 220 Meter hohen Staudamm (in „Golden Eye"). Sehr beliebt ist auch die Sprungstelle am Ponte dei Salti bei Lavertezzo (Foto), von wo man ohne Seil in den Fluss springt. Alle, die nicht für den MI6 arbeiten, sollten vorher genau prüfen, ob das Wasser tief genug ist. Nicht umsonst warnen Schilder: *Così bello … così pericoloso*. So schön – und so gefährlich.

Vom Papst verboten

Den Satz „Du sollst dir kein Bildnis machen" hat die Kirche gern so gedeutet: Man darf sich nur Bilder machen, die der Papst erlaubt. Verboten etwa hat Urban VIII. 1628 die Darstellung der Hl. Dreieinigkeit als Dreigesicht – wahrscheinlich, weil alle drei Köpfe gleich aussehen. Im Tessin haben sich einige Bilder dennoch erhalten, u. a. in S. Nicola in Giornico (Foto).

1960

1983

1996

Drei Hefte widmete MERIAN bisher dem Tessin. Die ersten beiden Titel zeigen Morcote, der dritte eine Villa am Lago Maggiore

Jurassic Mountain

Wo heute Ausflugsboote tuckern, jagten vor 230 Millionen Jahren Fischsaurier durchs Wasser. Das Tessin war fast vollständig von Meer bedeckt, mit vereinzelten Lagunen etwa beim Monte San Giorgio am Luganer See. Dort sind so viele Saurierfossilien wie kaum sonst wo gefunden worden, sogar ein Landsaurier, der 2,50 Meter lange Ticinosuchus (Bild). Der Monte San Giorgio gehört seit 2003 zum UNESCO-Welterbe. Bisher gibt es nur ein winziges Ein-Raum-Sauriermuseum in Meride, bis 2010 soll es durch ein großes Besucherzentrum ersetzt werden.

TESSINOLOGIE

Tessin, *das,* Kanton in der Süd-Schweiz mit rund 330 000 Einwohnern, der nach dem gleichnamigen Fluss benannt ist. Hauptstadt des Tessins ist Bellinzona.

Tessin, *der,* 248 km langer Fluss, der am Nufenenpass entspringt und unter anderem durch die Täler Leventina und Riviera fließt, bis er in den Lago Maggiore eintritt. An der Südspitze verlässt er den See wieder und mündet schließlich in den Po.

lufthansa.com
Europa hin
und zurück
ab 99 €*
Woanders schmeckt
es immer am besten.
Alles für diesen Moment.
Transparente
Preisgestaltung
Deutsche
Online Buchungsplattform
www.lufthansa.com
www.tuv.com
TÜVRheinland
ID:9105048025
There's no better way to fly.
Lufthansa
A STAR ALLIANCE MEMBER
*Für Direktflüge zu über 100 Zielen in Europa bei Buchung unter lufthansa.com. Begrenztes Sitzplatzangebot.

Nobel-Maschine

Den „komischen Deutschen mit dem Strohhut“ haben ihn hier früher die Leute genannt. Heute ist man in Montagnola froh, dass Hermann Hesse von 1919 bis zu seinem Tod 1962 in dem Ort lebte. Mehr als 15 000 Besucher kommen jedes Jahr in das Hesse-Museum, betrachten Hesses Aquarelle, seine Brillen, seinen Regenschirm – und die Schreibmaschine, auf der er „Siddharta“ und „Das Glasperlenspiel“ schrieb. Für diese und andere Romane erhielt er 1946 den Nobelpreis.

Gestatten, der Rhein!

Es ist so eine Sache mit den deutschen Nationalsymbolen: Die Hymne komponierte ein Österreicher, den Adler als Hoheitszeichen kannten schon die Römer. Und der Rhein, der deutscheste aller Flüsse? Entspringt in der Schweiz, zum Teil sogar im Tessin. Der längste seiner vielen Quellflüsse heißt Reno di Medel und beginnt seinen Lauf im Val Cadlimo im Tessiner Parco Alpino Piora. Von dort fließt er nach Graubünden und mündet in den Vorderrhein.

Bürstenrätsel

Merkwürdig, dieses Gestell mit den zwei alten Schrubbern. Ist die Krise der Schweizer Landwirtschaft so schlimm, dass Ziegen sich nun selbst striegeln müssen? Oder sind Ziegenbürsten ein liebenswertes Brauchtum hier im Maggiatal? Die Lösung, gefunden nach einigen Telefonaten in der Züchterszene: Ziegen kratzen sich halt gern, und der Besitzer wollte den Tieren eine Freude machen. Nett von ihm.

SCHNEE, DER AUF PALMEN FÄLLT

Am Morgen mit dem Snowboard die Pisten bei Airolo am St. Gotthard hinuntersausen, am Nachmittag in Ascona oder Lugano an einer Seepromenade sitzen und in der Sonne Kaffee trinken – im Tessin lässt sich im Winter beides bestens miteinander verbinden. Und wenn es doch einmal auch unten an den großen Seen richtig kalt wird – dann gibt es die selten schönen Bilder von schneebedeckten Palmen zu sehen.

Flughafen Zürich
TASTE OF SWITZERLAND
18.09.2009 – 01.11.2009
Eine kulinarische Reise durch Schweizer Spezialitäten.
Nur im Passagierbereich – Zutritt nur mit gültiger Bordkarte.
BEST OF SWITZERLAND

Tief im Berg verborgen

In den dreißiger Jahren mussten die Schweizer damit rechnen, von ihren Nachbarn Deutschland und Italien angegriffen zu werden – und bauten zum Schutz mehrere Festungen in den Alpen. Eine davon ist San Carlo, auf über 2 000 Metern Höhe im Gotthard-Massiv verborgen. 2004 eröffnete dort das Hotel „La Claustra" mit Restaurant. Gästen bietet sich hier zwar kein Panoramablick, dafür sitzen sie aber in einem vom Künstler Jean Odermatt minimalistisch designten Raum mit effektvoll beleuchteten Felswänden. Die Hotelzimmer sind einfach, die Betreiber versprechen viel Ruhe und eine Raumtemperatur von mindestens 20 Grad.

Salute, das Fest beginnt

Im Herbst, wenn die Trauben gelesen sind, fängt die Zeit der Weinfeste an. Besonders beliebt ist das „Sagra dell'uva" in Mendrisio. Die Innenhöfe der Altstadt verwandeln sich in gemütliche Grotti, Kapellen spielen, Kinder haben ihren Spaß, wenn sie in Bottiche steigen und mit bloßen Füßen Trauben zerstampfen.

Leckerei mit Stacheln: Delikatesse Kastanie

Limo mit Bügel: *Gazosa ticinese* wird seit mehr als 120 Jahren hergestellt

KULTBRAUSE UND KASTANIEN

Ein Baum pro Kopf, so hieß es früher in den Tälern – der Kastanienbaum war damals wichtigste Nahrungsquelle der Armen. Heute sind Kastanien eine Delikatesse, serviert werden etwa Kastanienpolenta oder *vermicelle*, ein süßes Dessert. Dazu passt die traditionelle *Gazosa ticinese*, eine Limonade, die seit 1885 von verschiedenen Produzenten hergestellt wird. Die Brause mit Himbeer-, Heidelbeer- und Zitronengeschmack ist heute ein Kultgetränk – auch dank der Retro-Flasche mit Bügelverschluss.

DOLCE VITA AUF SCHWEIZER ART

Hinter dem Gotthard beginnt der Süden Europas. Das Tessin ist eine traumhafte Mischung aus helvetischer Präzision, grandioser Natur, mildem Klima, einer Prise Glamour und einem guten Schuss Gelassenheit

Hanfpalmen gedeihen bestens am Nordufer des Lago Maggiore. Wie viele subtropische Pflanzen wurden sie hier Anfang des 20. Jahrhunderts angesiedelt und stammen aus Asien. Mit den Bergen und dem sanften See machen sie die Gegend zum Idealbild einer Landschaft

Foto: Gregor Lengler

BESTE PLÄTZE UNTER FREIEM HIMMEL

Wenn abends in der Altstadt die Lichter angehen, kommt Lugano zur Ruhe. Wer unterwegs war, nimmt Platz auf der Piazza della Riforma, blickt auf den Palazzo Civico – und wartet auf den Apéritif

Foto: Jörg Modrow

KUNST HINTER MASSIVEN MAUERN

Über 700 Jahre alt ist das Castelgrande in Bellinzona, die größte der drei Burgen der Kantonshauptstadt. Der Tessiner Bildhauer Nag Arnoldi feierte seinen 80. Geburtstag mit einer Ausstellung in der Burg

Foto: Jörg Modrow

Mit der Hände Arbeit: Bei der Weinlese und auf den Bauernhöfen wird angepackt. In bergigen Gegenden ist der Mensch durch Maschinen nicht zu ersetzen

Nur halbjährig sind die Dörfer im Bavonatal (u.) bewohnt. Mit Wasserkraft wird hier Strom erzeugt, doch die Orte unterhalb des Wasserfalls von Foroglio sind selbst nicht damit versorgt – die Menschen helfen sich mit Generatoren und Kerzenlicht

BERG UND TAL PRÄGEN DIE GESICHTER

Stein auf Stein übers Wasser: Der Ponte dei Salti führt bei Lavertezzo über das Flüsschen Verzasca. Das oft als „Römerbrücke" bezeichnete Bauwerk aus dem Mittelalter wurde vor 50 Jahren neu aufgebaut

Foto: Gregor Lengler

EIN GLITZERN LEGT SICH ÜBER DEN ALLTAG

Auf dem Lago Maggiore verkehren Passagierschiffe seit 1826. Die Fähre, die in Brissago ablegt, braucht knapp 90 Minuten bis Locarno, doch es gibt keinen schöneren Weg. Die Fahrt auf der Küstenstraße ist schneller und bietet spektakuläre Sicht, das Gefühl für die Weite stellt sich aber erst auf dem Wasser ein

KÜSSE IM WARMEN LAUB

Vor 30 Jahren verliebte sich MERIAN-Autor Alexander Grass ins Tessin und kaufte eine Hütte in den Bergen. Kaum einer kennt so gut wie er die verschiedenen Seiten dieses Landes, das mehr ist als Palmen, Villen und mondäner Chic

Fünf Stunden Fahrt mit der Vespa, fünf Stunden Fahrtwind von Zürich nach Locarno. Erst die Kälte am eingeschneiten Gotthardpass. Dann die Sonne hoch am tiefblauen Himmel über dem Lago Maggiore. Der Nacken schmerzt. Unwirklich nah liegen weit entfernte Gipfel. Über der Stadt schwebt der Geruch von verbranntem Kaminholz.

Unser Ziel ist ein Rustico oben im Tal – ein ehemaliger Stall, den wir kaufen und zu einer Ferienhütte umbauen wollen. Der Preis ist niedrig, aber den Arbeitsaufwand unterschätzen wir krass. Wie viel tausend Mal würden wir Rucksäcke hochschleppen müssen voller Baumaterial und Werkzeug. Mit Demut sollten wir erkennen, dass man für jeden mickrigen Meter Länge der Trockensteinmauer eine ganze Tonne Stein hinaufbringen muss. „Wie war die Fahrt?“, fragte kurz nach unserer Ankunft ein älteres Pärchen in Locarno. Vor vielen Jahren, erklärte der Mann, seien auch sie mit der Vespa an den Lago gefahren, auf Hochzeitsreise. Auch für sie war das Tessin eine Beziehungsgeschichte: Die Fahrt in den ersten Süden. Ein Kuss im warmen Laub.

Dreißig Jahre ist unsere erste Fahrt jetzt her, mit der wir uns in eine lange Geschichte eingereiht haben: Seit gut 120 Jahren schon reisen Menschen aus dem Norden hierher, und die meisten kamen genau wie wir wegen der sanft blauen Seen, wegen des Dufts der Kamelien und wegen der Sonne, die hier bis zu 80 Tage länger pro Jahr scheint als nördlich der Alpen. Spätestens als 1882 die Gotthard-Bahnlinie eröffnet und die Reise in den Süden bequemer wird, entdecken reiche Europäer das Tessin als Reiseziel, der Tourismus beginnt zu boomen. Bald schon säumen riesige Hotels die Seeufer von Locarno und Lugano.

Auch Künstler und Intellektuelle fühlen sich von der poetisch schönen Landschaft angezogen: Am Monte Verità oberhalb von Ascona, dem Berg der Wahrheit und Sehnsüchte, gründen sie eine Kolonie: Spiritisten, Theosophen, Nudisten und Anarchisten treffen sich hier auf der Suche nach neuen Lebensmodellen. Dichter besingen die Magie der Farben, schwärmen von den alten Dörfern mit ihren verwinkelten Gassen. Das Tessin wird zum exotischen Sehnsuchtort.

Die einheimischen Schriftsteller wehren sich wütend gegen die Tessinliebe aus dem Norden. Und beschreiben ein Anti-Idyll, eine Welt voll schwarzer Armut, in der ganze Talschaften nur durch die Kastanien und die Auswanderung nach Amerika vor dem Hunger gerettet werden. Eine der berührendsten Schilderungen von Auswandererschicksalen ist Plinio Martinis Buch „Nicht Anfang und nicht Ende“. In dem 1970 erschienen Werk erinnert Martini auch an den Tessiner Bauern Giuseppe Zan Zanini: Zanini schuftete jahrelang als Emigrant in Ställen in Italien, bevor er 1833 nach Hause ins Bavonatal zurückkehrte. Dort baute er mehrere Alphütten, zu denen er im Sommer das Vieh hochtrieb – eine Hungeralp, von der heute nur noch Trümmer übrig sind. Von seinem Dorf aus führte Zaninis Pfad über 1200 Meter aufwärts, über Felsplatten hinweg und an Abgründen entlang. Vierzig Sommer lang zog er dort hinauf, Martini schreibt: „Tag für Tag die Armut hinunterschlucken, nie den Kopf heben können, und dazu noch jedes Jahr die Verzweiflung über den Verlust einer Kuh … Der Mann hatte sich eine Grabrede verdient und ein größeres Denkmal als sämtliche Winkelriede der Schweizer Geschichte.“

Schon seit langem scheint es das Tessin zweimal zu geben: ein zartes und liebliches Land der Genüsse für Besucher, ein raues und hartes für Bewohner. Diese Doppelwelt existiert bis heute. Für die meisten Reisenden etwa ist das Tessin eine Seen- und Palmenlandschaft. Dabei sind 80 Prozent des Kantons Gebirge. Bis die Berglandwirtschaft in den sechzi-

1

2

1 Heiliger Rausch: Beim Weinfest in Mendrisio treffen sich junge Besucher auf den Kirchenstufen 2 Kennzeichen TI: Morcote mit seinen pastellfarbenen Häusern ist Inbegriff des Tessin-Idylls 3 Flanieren vor silbrigblauem Wasser: Seeufer von Lugano

3

AUSWANDERN WAR EINST DIE RETTUNG, HEUTE WOLLEN ALLE BLEIBEN

ger Jahren unterging, haben Menschen dort gewohnt und gearbeitet.

Wer heute auf den uralten Wegen wandert, kann bis zu den Gipfeln hin Zeugnisse dieser Zeit entdecken: Kapellen und Bildstöcke, Maiensäße und Trockensteinmauern – und die Pfade selbst, die oft kunstvoll in die Bergflanken gehauen sind. Heute weidet auf den Alpen kaum noch Vieh, Sträucher und Bäume überwuchern das Land. Übrig geblieben sind von der alpinen Zivilisation fast 60 000 Steinhütten, ehemalige Ställe und Heustadel. Viele von ihnen wurden zu Ferienhäuschen umgebaut – eines davon ist unser Rustico.

Vor sieben Jahren habe ich die Gelegenheit genutzt und meinen Redaktionsjob in Bern gegen eine Korrespondentenstelle im Tessin getauscht. Meine Familie und ich leben nun in Lugano und gehören zu der großen deutschsprachigen Minderheit im Kanton – auch das ein Teil der Tessiner Doppelwelt. Mittlerweile spricht hier jeder zwölfte Einwohner im Alltag hauptsächlich Deutsch; dazu kommen die Touristen, von denen zwei Drittel aus Deutschland oder der Schweiz stammen. Wer mit dem Auto vom Gotthardtunnel zum Lago Maggiore fährt, der sieht unterwegs immer wieder Schilder mit der Aufschrift „Grüezi", „Herzlich willkommen" oder auch „Bauland zu verkaufen". Deutsch ist im Tessin häufig die Sprache von Bessergestellten: von reichen Rentnern, die in luxuriösen Eigenheimen an den Seen leben. Und die von berufstätigen Deutschschweizern, die oft in Führungspositionen arbeiten. Die meisten begnügen sich auch nach dem Umzug mit nur rudimentären Italienischkenntnissen – im Locarnese lässt sich der Alltag so gut bewältigen.

Mit Argwohn beobachten viele Tessiner, wie die Italianità, die italienische Sprache und Kultur, an Rückhalt verliert. Die rechtspopulistische Partei Lega dei Ticinesi nutzt das und sät Misstrauen gegen die Regierung in Bern, die das Tessin angeblich benachteiligt. Vor allem bekämpft sie die Grenzöffnung zur Europäischen Union. Es fällt ihr leicht, damit Stimmen zu gewinnen: Das Tessin ist ein wirtschaftlich eher schwacher Kanton und hat eine der höchsten Arbeitslosenquoten der Schweiz (und mit Lugano gleichzeitig den drittgrößten Bankenplatz des Landes – eine weitere Tessiner Doppelwelt). Die Angst vor Billiglohnkonkurrenz aus Italien und anderen EU-Ländern ist groß. In Volksabstimmungen lehnen die Tessiner eine Annäherung an die EU regelmäßig ab, zuletzt im Februar 2009 mit dem höchsten Anteil an Nein-Stimmen von allen Schweizer Kantonen.

Während die Lega sich gegen die neue Zeit wehrt, wird tief unterm Gotthard an der Zukunft gearbeitet: Der 57 Kilometer lange Basistunnel, der 2017 eröffnet werden soll, wird die Region mindestens so stark verändern wie der erste Tunnel aus dem 19. Jahrhundert. Für die Strecke von Zürich nach Bellinzona wird man nur noch rund eine Stunde und 20 Minuten brauchen. Tagespendler können dann in Zürich arbeiten und im sonnigen Tessin leben. Noch mehr Menschen aus dem deutschsprachigen Norden werden kommen. Und in Richtung Italien wird der Kanton immer stärker mit den Großräumen Mailand und Como verschmelzen – dank dem Tunnel unter dem Monte Ceneri, der die Gotthardstrecke ergänzen wird.

Noch nie war im Tessin so viel Veränderung, so viel Aufbruch wie heute. Und gleichzeitig sitzen in den Dörfern an den Steintischen alte Leute, die noch als Wildheuer gearbeitet haben, dem Beruf der Armen. Die mit Sensen und Sicheln das Heu an Bergflanken schnitten, die so steil waren, dass selbst das Vieh nicht mehr hinaufgelangen konnte.

Diese Vielfalt und Gegensätze des Tessins überraschen mich auch nach dreißig Jahren immer wieder. Bei meiner Arbeit kann es vorkommen, dass ich an einem Tag oben im Pecciatal mit einer alten Frau spreche, die noch nie in ihrem Leben über Locarno hinausgekommen ist. Und am nächsten Morgen unten in Lugano einen Manager interviewe, der für einen internationalen Konzern arbeitet und gerade aus London zurückgekommen ist. Ich kann mittags an einer der Uferpromenanden in Cafés mit Metropolenflair sitzen – und abends mit einem Glas Rotwein vor unserem Rustico. Ich kann morgens in Lugano durch die hektische Via Nassa mit all ihren Luxusgeschäften laufen, in denen man innerhalb von Minuten problemlos sein Monatseinkommen los wird – und wandere am Nachmittag allein in Kastanienwäldern über jahrhundertealte Steinbrücken.

Es dauert lang, bis man sich all diese Tessiner Welten erschlossen hat. Und wer das Land wirklich begreifen will, der muss in die Täler fahren und die alten Lieder hören, die die Menschen bei den Volksfesten singen. Sie erzählen mehr über das Selbstbild der Tessiner als jede gelehrte Analyse. „Benediciamo a Cristoforo Colombo", heißt es etwa in dem Maggiataler Lied „America" – gesegnet sei Kolumbus, denn er entdeckte jenes Land, in dem später Zehntausende Emigranten Arbeit fanden. Oder die inoffizielle Tessiner Hymne aus dem Festspiel „Sacra terra del Ticino". Sie eignet sich nicht für Truppenaufmärsche, der Takt ist langsam und erinnert an ein Kirchenlied. Das ganze Werk widmet sich den Glocken, den Blumen, dem Wein, erzählt vom Schmerz der Auswanderer, von der Arbeit der Steinhauer, Strohflechter, Fischer und Feldarbeiter. Wie sie mit ihren Kämpfen und mit ihrem Fleiß die Armut überwinden konnten. Erst wer diese Musik gehört und verstanden hat, ist angekommen im Tessin. □

Alexander Grass *leitete die Auslandsredaktion von* Radio DRS. *Seit 2002 ist er Tessin-Korrespondent des Senders. und lebt in Lugano.*

Die Schweizerflagge weht über dem See: In dem ehemaligen Fischerort Gandria nahe der italienischen Grenze kann man direkt am Lago di Lugano wunderbar speisen

Lange Nächte mit Blick auf den Kirchturm: An der Promenade von Ascona treffen sich wieder junge Leute – etwa unter den Sonnensegeln der „Sea Lounge“

Foto: Jörg Modrow

Das Party-Dorf ist wieder da

In Ascona, dem einstigen Jetset-Treff am Lago Maggiore, war es in den vergangenen Jahren still geworden. Zu still, fand ein deutscher Millionär und eröffnete eine Reihe trendiger Bars und Restaurants. Nun wird wieder bis spät in die Nacht gefeiert – doch nicht alle sind glücklich damit

TEXT: ANDREAS LESTI

Holzwand aufgestylt: Das „Seven Easy" ist Breuers zweites Lokal in Ascona

Der Barfußmann und sein Buddy: Restaurant-Besitzer Stefan Breuer und Koch Ivo Adam

Hinaus aufs Wasser: Einst fuhren hier die Fischer, heute die Tretboote der Touristen

Einfach abperlen lassen: lombardischer Sekt und Weine auf einer Restaurant-terrasse am Lago Maggiore

Kühles Anthrazit statt geblümter Tischdecken: Das „Seven“ will ganz anders sein als die alteingesessenen Restaurants an der Promenade

Mehr Berlin-Mitte als Italo-Romantik, der neureiche Touch ist gewollt

Sagen wir mal so: Ascona hat in den letzten Jahren eher ältere Menschen fasziniert. Dass die Begriffe „Altersheim“ und „Friedhof“ als Ascona-Synonyme verwendet worden sein sollen, ist natürlich haltlos und bestenfalls böswillig. Tagsüber, auf den ersten Blick, hat man sowieso nie etwas gemerkt: An der Promenade blühen wie eh die Platanen, noch immer schimmert der Lago im schönsten, sattesten Blau. Und in den hübschen Gassen findet man nach wie vor eine für ein 5000-Einwohner-Dorf äußerst beachtliche Dichte an Juwelieren, Boutiquen und Immobilienmaklern. Doch dass Ascona kurz davor war, in, nun ja, eine Art senile Vergessenheit zu geraten – daran muss etwas Wahres gewesen sein. Wie sonst ließe sich erklären, was hier passiert ist? Wie sonst ließe sich diese Geschichte erzählen?

Das Schauspiel wird seit zwei Jahren direkt an der Promenade aufgeführt, und es treten unter anderem auf: ein lässiger Multimillionär, ein junger Starkoch, ein genervter Festivalchef und viele junge Menschen. Und ein Mythos spielt mit, den alle gern zitieren: die Jetset-Vergangenheit der sechziger und siebziger Jahre. Als Brigitte Bardot hier Wasserski lief und der Fernseh- und Zaubergeiger Helmut Zacharias durch die Bars zog. Als Heinz Rühmann im See badete und Herbert von Karajan an der Promenade spazierte. Als sich Wirtschaftsgrößen aus der deutschen Provinz hier ein Ferienhaus mit Palme im Vorgarten leisteten. Und die Adam Opel AG einen Mittelklasse-Wagen nach diesem Ort der Magie und Leichtigkeit benannte.

Die Hauptrolle, darin sind sich in Ascona alle einig, spielt der Frankfurter Unternehmer Stefan Breuer. Sehen wir uns seinen Auftritt zunächst aus der Ferne an: In seinem schneeweißen Sportwagen, einem Wiesmann Roadster, fährt er an der Promenade entlang, hält am „Seven Easy“, einem seiner beiden Restaurants, grüßt kurz. Fährt dann hinüber zu seinem anderen Restaurant, dem „Seven“, wo er den Wagen abstellt, aussteigt und in die Küche geht, um sich mit seinen Starkoch Ivo Adam zu besprechen.

Die beiden Breuer-Lokale klammern die Promenade ein und verhalten sich zu ihr wie geeister Hummer zu gegrillten Maronen. Bei Breuer verkehren keine Touristen aus dem dritten Lebensabschnitt, sondern Künstlertypen mit Palästinensertüchern, junge Geschäftsmänner aus Zürich mit offenen

Hemden und blonde Frauen, deren obere Gesichtshälften sich hinter Sonnenbrillen verbergen. Hier hört man keine Zaubergeiger, sondern bassige Loungemusik. Aus Heizstrahlern züngeln Flammen, und auf einem Flachbildschirm sieht man Korallenfische in einer Video-Endlosschleife schwimmen. So sieht es aus, das neue Ascona, mehr Berlin-Mitte als Italo-Romantik, und, ja, ein leicht neureicher Touch lässt sich nicht leugnen.

Auf der Steinmauer am Eingang sitzt er nun, Stefan Breuer, jeanstragend, hemdsärmlig, und schaut entspannt in die Dämmerung, die sich langsam über den Lago Maggiore senkt. Auch heute trägt er keine Schuhe, das Barfußlaufen hat er zu seinem persönlichen Stilmerkmal kultiviert; kein Bericht über ihn vergisst, dieses Detail zu erwähnen.

Breuer ist 51, als Unternehmer in der Lkw-Zulieferindustrie machte er Millionen. Und klar, als Geschäftsmann hat er nicht ewig Zeit. 30 Minuten, hat er am Telefon gesagt, sollten genügen. Na dann los.

Die Sieben, die seinen Restaurants den Namen gibt? „Das ist meine Zahl, weil ich mit meiner Frau fünf Kinder habe und wir hier also zu siebt leben." Ascona? „Kenne ich schon lange. Ich habe in meiner Kindheit die Ferien hier verbracht, und irgendwann erkannt, dass im Ort nichts nachkommt. Der Lifestyle hat gefehlt." Und als dann noch das „Ristorante Lago" zumachte, das früher dort war, wo sich heute das „Seven" befindet, und ernsthaft davon gesprochen worden sei, das Gebäude zu einem Altersheim umzubauen – spätestens da habe er gemerkt, dass in Ascona dringend etwas getan werden muss.

So übernahm er den Laden, baute um, modernisierte – und eröffnete am 7.7.2007 das „Seven". Später folgte das „Seven Easy", und im Frühling 2009 eröffnete er sein drittes Restaurant, das „Seven Asia" – in den alten Räumen des „Caffè Verbano", eines ehemaligen Künstlertreffs, in dem schon Hermann Hesse und Erich Maria Remarque zu Gast waren.

Für einige Momente setzt sich Ivo Adam zu uns. Er ist 32, schlank, trägt Kochkittel und eine akkurate Kurzhaarfrisur. Adam ist der Popstar unter den Schweizer Köchen und rappt Rezepte im Fernsehen. In der „Kaltenherberge" im Kanton Bern brachte er es auf 15 Punkte im Gault-Millau-Führer – fulminant für einen Neuling. Von dort hat Breuer ihn nach Ascona geholt, und wie das lief, erzählen die beiden in kurzen Sätzen:

Adam: „Ich habe gesagt: Ich bin der beste Koch." Breuer: „Und ich habe gesagt: Ich mache das beste Restaurant." So einfach war das, so selbstverständlich, dass sie lachen müssen.

Aber in Ascona lachen nicht alle mit. Und für einige war die Verwandlung des Ortes alles andere als einfach und selbstverständlich. Als etwa im Sommer 2008 während der Fußball-Europameisterschaft bei Breuer eine große Party startete, meldeten sich die Kritiker zum ersten Mal laut und öffentlich. Unterhalb des „Seven", auf einem Ponton direkt am Ufer, hatte Breuer eine Art Fan-Lounge aufge-

Der Zaubergeiger ist verschwunden – heute hört man Loungemusik

Hand in Hand gegen die neue Szene: Viele ältere Einwohner sammelten Unterschriften gegen Breuers Aktivitäten

Blaue Stunde und ein lauer Wind vom See: Entspannen in der Sea Lounge unterhalb des „Seven"-Restaurants

Früher Kurhaus, heute Trendbar: die „Delta Beach Lounge" in der Nähe des Lido

Popstar mit Suppenkelle: Ivo Adam rappte schon Rezepte im Schweizer Fernsehen

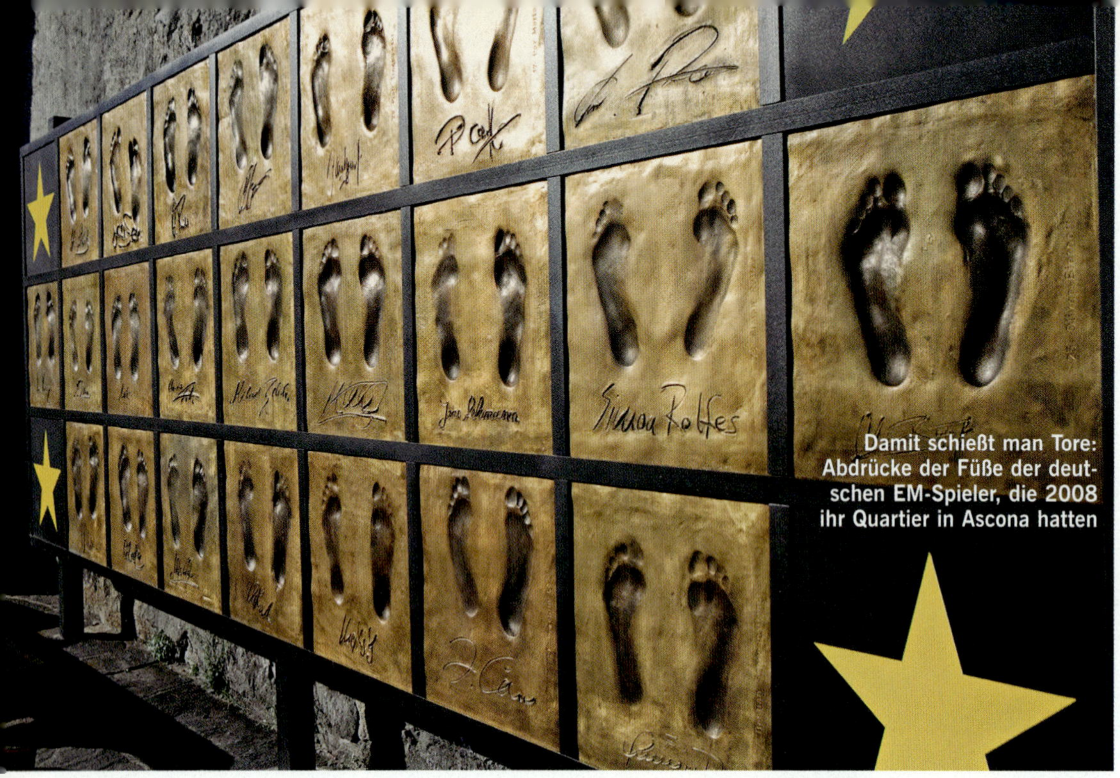

Damit schießt man Tore: Abdrücke der Füße der deutschen EM-Spieler, die 2008 ihr Quartier in Ascona hatten

Das Wort „Ruhestörung" verbreitete sich fast schneller als der Schall

baut – mit Public Viewing, Musik und Getränken. Das Wort „Ruhestörung" verbreitete sich fast noch schneller als die Schallwellen aus den Lautsprechern. Viele ältere Zweitwohnungsbesitzer, die oberhalb des Restaurants leben, fingen an, Unterschriften gegen die Fan-Zone zu sammeln; andere schrieben zornige Leserbriefe an die *Tessiner Zeitung* und fragten: „Gibt es auf der Welt nicht schon genügend Ballermänner?"

Gestört fühlte sich etwa der deutsche Wirtschaftshistoriker Wolfgang Oppenheimer, 86, ein stets gut informierter und freundlicher Mann mit weißen Haaren. Schon als Kind kam er mit seiner Familie auf der Flucht vor den Nazis nach Ascona und hat die Geschichte des Ortes seitdem aufmerksam verfolgt. Seit den siebziger Jahren habe sich hier nicht viel Günstiges mehr ereignet, das gelte auch für die allerneuesten Entwicklungen: „Stefan Breuer hat einen falschen Blick auf Ascona, weil er alles modernisieren und amerikanisieren will."

Nicolas Gilliet drohte im EM-Sommer sogar mit Rücktritt. Er ist künstlerischer Leiter des Jazzfestivals, das zur selben Zeit lief wie Breuers Fan-Party – und natürlich übertönte Breuers Musik die leiseren Jazzmelodien. Gilliet, 38, ist ein dynamisch wirkender Mann mit dunkler Sonnenbrille im Hemdausschnitt, der gut ins das neue Breuer-Ascona passen könnte – wenn er wollte. „Ascona kennt man in der Schweiz als die Jazz-Stadt", sagt Gilliet und macht klar, dass es hier auch um eine Art Revierkampf geht. „Das Jazz-Festival gibt es seit 24 Jahren, Herr Breuer ist erst seit zwei Jahren hier." Und da habe es eben zu viele Interessen und zu wenig Absprachen gegeben. Beim nächsten Mal sollte es besser laufen, und an sich habe er überhaupt nichts gegen eine Verjüngung des Ortes einzuwenden: „Schließlich braucht auch der Jazz neues Publikum."

Die ruhestörende Fußballbegeisterung ist im Sommer 2008 auch deswegen über Ascona gekommen, weil die deutsche Nationalmannschaft hier wohnte – im Hotel „Giardino", gut zwei Kilometer südöstlich des Zentrums. Dort sitzt Philippe Frutiger, 40, Chef des Hauses und einer der wichtigsten Verbündeten Breuers. Seit drei Jahren arbeitet er hier und hat das Hotel gründlich umgestalten lassen. Viel Marmor und edle Hölzer wurden verbaut, durch die Glasfassade schimmert das Grün des riesigen Gartens.

„Es war dringend notwendig, dass im Ort etwas nachkommt", sagt Frutiger und meint wohl so etwas wie Adam, Breuer und sich. Bezeichnend ist, dass dabei auch er die Vergangenheit im Sinn hat: Zu Beginn seiner Karriere in den neunziger Jahren arbeitete er als Praktikant der Hotelfachschule im „Giardino" und bekam die Erzäh-

lungen aus der Jetset-Epoche mit. Daran wollte er anknüpfen – und hatte Glück: Nachdem Leute vom Deutschen Fußballbund das Hotel privat für sich entdeckt hatten, buchten sie es als Mannschaftsquartier für die Europameisterschaft. Die Zeitungen berichteten ausführlich, das Fernsehen machte Live-Schaltungen – ein wichtiger Schritt beim Comeback Asconas.

Diese Geschichte wäre unvollständig, wenn man nicht bei den traditionellen Promenade-Restaurants vorbeischauen würde. In jenem Party-Ascona, an das sich alle nun so gern erinnern, verkehrten hier Prominente wie Udo Jürgens und Karel Gott. Heute sind sie immer noch gut besucht, aber nicht mehr der zentrale Treff, der sie einmal waren. Es ist ein offenes Geheimnis, dass viele Hoteliers und Restaurantbesitzer in den Neunzigern zu gesättigt gewesen sind und nicht mehr an die Zukunft gedacht haben. Das war die Zeit, in der Ascona eingenickt ist.

Und es ist auch ein offenes Geheimnis, dass nun viele Gastronomen Stefan Breuer mit Skepsis gegenübertreten, sich von seinen Investitionen überrumpelt fühlen – öffentlich darüber sprechen will allerdings niemand. Nach ein paar Gesprächen gewinnt man aber den Eindruck, dass viele von ihnen insgeheim froh sind, dass wieder etwas passiert: Die neue Konkurrenz belebt auch ihre Geschäfte. Und es ist ein hübsches Symbol, dass schon wieder Breuers weißer Sportwagen an ihnen vorbei über die Promenade fährt.

Über dem Lago Maggiore liegt am nächsten Morgen ein zarter Dunstschleier. Schwach zeichnen sich die Brissago-Inseln am Horizont ab, nur ein Fischerboot zieht eine Linie über das glatte Wasser. Im Hafen unterhalb der Promenade schaukeln Tretboote. Auf dem Kopfsteinpflaster verkauft ein alter Mann Maronen, und unter den Bäumen stehen Tauben und Möwen, als warteten sie darauf, dass etwas passiert. Und tatsächlich, es passiert etwas: Der Dunstschleier löst sich unter den Sonnenstrahlen auf. In Nichts. Als hätte es jemand gewagt, dem schlafenden Ascona die Decke wegzuziehen. □

Breuers weißer Sportwagen fährt täglich über die Promenade

MERIAN | TIPP

Das neue Ascona: Bars, Restaurants und Hotel

Das Zentrum der neuen wie schon der alten Szene ist die gut 400 Meter lange Promenade. Hier findet man viele traditionelle Restaurants, an ihren Enden zwei der „Seven"-Lokale. Das dritte, das „Seven Asia", liegt weiter nördlich in der Nähe des Museo Communale d'Arte Moderna. Südöstlich vom Zentrum befinden sich das Hotel „Giardino" und die „Delta Beach Lounge", ein weiteres neues Trendrestaurant (nicht auf der Karte).

Seven (und Sea Lounge)
Via Moscia 2, Tel. 091 780 77 77
www.seven-ascona.ch
(für alle drei „Seven"-Restaurants)

Seven Easy
Piazza G. Motta 61, Tel. 091 780 77 71

Seven Asia
Via Borgo 19, Tel. 091 786 96 76

Hotel Giardino
Via Segnale 10, Tel. 091 785 88 88
www.giardino.ch

Delta Beach Lounge
Via Lido 82, Tel. 091 791 40 60
www.deltabeach.ch

>> mehr Informationen auf Seite 124

Der

Vorhang auf für eine Welt der unbeschwerten Genüsse: Blick aus dem Hotel „Villa Castagnola" über den Luganer See zum Monte San Salvatore

Glanz einer versunkenen Zeit

Fürsten, Dichter, Millionäre: Die gehobene Gesellschaft tanzte, plauderte und kultivierte den Müßiggang. Ein Lebensstil, der in den **Grandhotels** noch immer spürbar ist

TEXT: CHRISTOPH KUHN, OLIVER FISCHER; FOTOS: KLAUS BOSSEMEYER

Wie aus einem Roman von Marcel Proust: die Lobby des „Splendide Royal" an der Seepromenade von Lugano. Der Stilmix griechischer Säulen mit Möbeln des 18. Jahrhunderts ist typisch für die Belle Époque

Ein Rausch aus Marmor und Kristall

1

3

1 Ort für Lektüre und niveauvolle Plauderei: Kaminzimmer in der „Villa Castagnola"
2 Die eiligen Schritte des Kellners auf dem Marmorboden: Lobby des „Splendide Royal"
3 Durch die Flure des „Splendide Royal" gingen schon Mitterrand und der Aga Khan

Die Reise in die Epoche der Schönheit beginnt mit einer Ernüchterung. Das einst prachtvollste Hotel im Tessin liegt heute hinter einem „McDonald's", in einem verwilderten Garten, versperrt von Baustellenzäunen. Übernachtet hat hier, in dem „Grand Hotel Locarno", schon seit mehreren Jahren kein Gast mehr. Die Fensterläden sind so verschlossen wie das Hauptportal, das sich an diesem Nachmittag nur ausnahmsweise öffnet.

Doch dann drinnen: welch ein Glanz, noch immer, trotz des Staubes, der überall liegt. Zwei gewaltige Treppen, ausgelegt mit roten Teppichen, schwingen sich empor. Fürstinnen sind hier hinaufgeschritten, fast glaubt man noch, das Knistern ihrer Roben zu hören. Im Treppenhaus hängt über vier Stockwerke hinweg der berühmte, 800 Kilo schwere Murano-Leuchter – ein vielfarbiges Kunstwerk aus Hunderten von glasernen Teilen, zu dem schon Marlene Dietrich bei ihren Besuchen aufgeschaut hat.

Weiter geht es durch die Räume, vorbei an Bridge-Tischen, geschnitzten Sekretären und alten Spiegeln, bis zu dem großen Salon, in dem der deutsche Außenminister Gustav Stresemann bei der Konferenz von Locarno mit den europäischen Mächten die Aufnahme Deutschlands in den Völkerbund vorbereitete. 1925 war das, und die Belle Époque, die Zeit der unbeschwerten Genüsse, der das Hotel seine Entstehung verdankt, war da schon mehr als ein Jahrzehnt vorbei.

Belle Époque ist ein unscharfer Begriff. Er bezeichnet weniger einen Stil als ein von Frankreich ausgehendes

Tennis am Morgen,
Tanztee am Nachmittag, am Abend Operette oder Kasino

Lebensgefühl: Das Bürgertum beginnt seine neuerworbene Macht und seinen Reichtum so auszukosten, wie es bisher dem Adel vorbehalten war.

Nach dem Ende des Deutsch-Französischen Krieges 1871 herrschte weitgehend Frieden in Europa, die Fortschritte in Technik und Industrie brachten Wohlstand, das Leben wurde angenehmer, und zumindest den Reichen blieb Zeit für allerlei Mondänitäten: eine Partie Tennis am Morgen, *thé dansant* oder Konzert im Park am Nachmittag, am Abend ein elegantes Souper, danach Operette oder Kasino. Im Grand- und im Kurhotel am See, am Meer, in frischer Gebirgsluft, wo man sich im Sommer mehrere Wochen aufhielt, war das selbstverständlich.

Einer der wichtigsten deutschsprachigen Chronisten dieser Zeit ist Stefan Zweig. In der Autobiographie „Die Welt von Gestern" lässt er seine Jugend um die Jahrhundertwende auferstehen, eine Zeit, in der ein kultivierter Wiener wie er mit Empfehlungen durch halb Europa reiste und überall andere Mitglieder der intellektuellen, großbürgerlichen oder adligen Society traf, die mit Vorliebe in Grandhotels logierte.

Dort ließ man sich bedienen und umsorgen, promenierte, charmierte, konversierte und bewunderte die Damen, die sich aus den Verschnürungen ihrer Korsetts zu lösen begannen und in der Öffentlichkeit freier und selbstständiger auftraten. Die Grandhotels waren so etwas wie die Paradiesinseln der gehobenen Gesellschaft, Institutionen, in denen man sich austauschte und inszenierte. Marcel Proust hat in seiner Romanfolge „Auf der Suche nach der verlorenen Zeit" die Atmosphäre in einem solchen Grandhotel beschrieben. Vorbild für seine Schilderungen ist das „Grand Hôtel" in Cabourg an der normannischen Küste, ein Prachtbau mit üppigem Interieur. Eigentlich ist alles falsch an diesem Stilwirrwarr: Altgriechisches mischt sich mit Klassizismus, Louis-XIV-Imitate mit Renaissancemöbeln, neben ionischen Kapitellen hängen Kristalllüster. Und genau diese – für die Belle Époque typische – Mischung macht bis heute den Charme eines Grandhotels aus.

Zahlreiche dieser Häuser entstanden im Tessin, das damals wegen seines milden Klimas zu einem der bevorzugten Winterreiseziele wurde. Nicht alle haben den Weg in die Moderne überlebt, das Grandhotel in Brissago etwa wurde nach jahrzehntelangem Leerstand abgerissen, das Haus in Locarno musste schließen, weil das Geld für eine dringend notwendige Sanierung fehlte. Doch wer will, findet im Tessin noch immer viele Orte, an denen man den Glanz der Belle Époque spürt.

Im „Splendide Royal" etwa, das direkt an der Seepromenade von Lugano liegt. Man muss nur den Betonanbau links ignorieren und sofort in das Foyer und die Salons des Altbaus aus den 1880er Jahren gehen – ein Rausch aus Marmorsäulen, goldgerahmten Spiegeln und Mosaikböden, über die schon Gäste wie François Mitterand, Sophia Loren und der Aga Khan wandelten. In einer stillen Ecke stehen tiefe Sessel, in die man hineinsinken möchte, um noch einmal nachmittagelang alle sieben Bände der „Verlorenen Zeit" zu lesen. Etwas weiter, unter einer leicht gewölbten Decke, schimmert ein schwarzer Flügel, geöffnet, jederzeit einsatzbereit für ein Intermezzo von Brahms oder ein lyrisches Klavierstück von Grieg.

MERIAN | INFO

Hotels der Belle Époque

(b 5) Splendide Royal
Das mehr als 120 Jahre alte Haus steht an der Seepromenade von Lugano. Bei der Zimmerreservierung darauf achten, dass man nicht im Betonanbau untergebracht wird.
Lugano, Riva Antonio Caccia 7
Tel. 091 985 77 11
www.splendide.ch

(e 2) Villa Castagnola
Das Hotel war ursprünglich die Privatvilla einer reichen russischen Familie und liegt ebenfalls am Ufer des Luganer Sees.
Lugano, Viale Castagnola 31
Tel. 091 973 25 55
www.villacastagnola.com

(a 5) Villa Principe Leopoldo
Jahrzehntelang Wohnsitz eines Hohenzollern-Prinzen, wurde 1986 zum Hotel umgebaut. Etwa zwei Kilometer vom Stadtzentrum entfernt.
Lugano, Via Montalbano 5
Tel. 091 985 88 55
www.leopoldohotel.com

(b 4) Hotel Walter au Lac
Kein Grandhotel, stammt aber ebenfalls aus der Belle Époque. Günstige Alternative zu den anderen Häusern.
Lugano, Piazza Rezzonico 7
Tel. 091 922 74 25
www.walteraulac.ch

(D 7) Kurhaus Cademario
In den Bergen bei Montagnola mit grandiosem Blick auf den See. Zurzeit wegen Umbau geschlossen, Wiedereröffnung im Frühjahr 2010.
Cademario
Tel. 091 610 51 11
www.swisswellnesshotel.com

Die Lettern (E 8) beziehen sich auf die MERIAN-Karten auf S. 131 und S. 133

„Heiter elegant, aber separiert": Thomas Mann verbrachte 1933 mehrere Wochen in der „Villa Castagnola". Am Ende seines Aufenthalts ärgerte er sich über die zu kleinen Lunchpakete des Hotels

Ein Aufzug mit Sitzbänkchen führt hinauf zu den Zimmern mit Damasttapeten. Balkone öffnen sich zum See, der gerahmt vom Grün der Uferbäume – im ewigen Blau daliegt. Wer nie den Wunsch nach künstlerischer Betätigung spürte, der spürt ihn jetzt.

Gut zwei Kilometer entfernt, am anderen Ende von Lugano, liegt ein weiterer Bau aus dieser Zeit, die „Villa Castagnola". Ihr wohl berühmtester Gast kam im März 1933: der Literatur-Nobelpreisträger Thomas Mann, geboren 1875, ein Kind der Belle Époque, die er unter anderem im „Zauberberg" beschrieben hat. In seinem Tagebuch lobte er das „heitere elegante, aber separierte Hotel, das einen schönen Garten besitzt, europäische Küche anbietet etc. und mich durch ein gewohntes Niveau beruhigt". Allerdings kam Thomas Mann nicht zur Erholung hierher – nach der Machtübernahme durch die Nazis plante er, sich in der Schweiz niederzulassen.

Der große Palmengarten ist noch mindestens so schön wie zu Thomas Manns Zeiten. Anderes hat sich verändert, denn von Belle-Époque-Nostalgikern allein kann ein Grandhotel heute nicht leben: Aus den alten Salons sind Mehrzweckzimmer geworden, die sich rasch in Seminarräume verwandeln lassen, passend für die Bedürfnisse von Businessgästen. Und statt Bibliothek und Konversationszimmern findet man Schwimmbad, Sauna und Solarium – die Wellnessabteilung ist ein *must* im modernen Grandhotel.

Was heute Wellness heißt, war in der Belle Époque die Kur – und dafür fuhr man in spezielle Kurhotels, die oft im Gebirge standen. Zum Beispiel in Cademario, 580 Meter hoch über dem Luganer See. Das Kurhaus dort heißt mittlerweile – kein Wunder – „Wellnesshotel" und ist ein gewaltiger Klotz mit Türmchen auf dem Dach, mehr als hundert Zimmern und großen Balkonen – jederzeit ließe sich hier eine Verfilmung des „Zauberbergs" drehen. Bis vor kurzem konnte man in diesen Räumen noch beobachten, wie schwarz gekleidete Witwen aus dem Aufzug stiegen, über die rosa Spannteppiche liefen und auf der Panoramaterrasse an einer Tasse Kaffe nippten.

Doch zurzeit ist das Haus geschlossen. Bis zum Frühjahr 2010 wird es mit viel Geld umgebaut, die Überreste einer etwas trutschigen Fünfziger-Jahre-Renovierung sollen verschwinden, danach wird es als Viersternehotel wiederauferstehen. Man kann nur hoffen, dass dieses Beispiel bis Locarno wirkt. Ein Investor für das Grandhotel war dort fast gefunden, sagte aber nach einem Streit mit den Eigentümern wieder ab. Und so wird es wohl noch einige Zeit dauern, bis hinterm „McDonald's" die Bauzäune weggeräumt werden und der Murano-Leuchter wieder hochpoliert glänzt und glitzert. □

»Der Mensch ist ein Tourist, Herr Frisch«

Christoph Geiser, einer der bekanntesten zeitgenössischen Schriftsteller der Schweiz, trifft Max Frisch. Eine literarische Phantasie

1979 veröffentlichte Max Frisch sein Buch »Der Mensch erscheint im Holozän« – eine Erzählung über Alter, Sterben und Vergessen. Hauptfigur ist ein Herr Geiser, der während eines Unwetters in seinem Tessiner Ferienhaus eingeschlossen ist. **Christoph Geiser schrieb Frisch damals einen Brief** und fragte, ob dieser Geiser etwa mit seinem Vater zu tun haben könnte – die beiden waren entfernte Bekannte. Erst 30 Jahre später bekommt er eine Antwort von Frischs Witwe. Geiser macht sich auf den Weg ins Tessin. Eine surreale Reise beginnt

Was soll Herr Geiser in Basel? Am Heiligen Abend ist Basel unwirtlich, das weiß man, entweder stürmt's oder schneit's, regnet, windet und ist saukalt – finster ist's in jedem Fall. Oder es stinkt nach Chemie. Was hat man nicht alles für düstere Weihnachtserinnerungen an Basel! Überhaupt – Basel?

Herr Geiser schrieb Herrn Frisch einen Brief. Damals. Als der Mensch im Holozän erschienen war. Wenn man schon Geiser heißt und aus Basel stammt! Und im Holozän erscheint! (Und einen Vater hat, der gleich alt ist wie Herr Frisch.) Eigentlich erwartete Herr Geiser eine Antwort, aber man weiß natürlich, dass Berühmtheiten Unberühmtheiten nicht zwangsläufig antworten – und freute sich dann doch, als nach dreißig Jahren – jener Brief von 1979 blieb unvergessen – quasi eine Antwort kam.

An Weihnachten kann's in Locarno sehr schön sein. Sagt Frau Frisch. Die Witwe.

Eine Einladung. Locarno erfreut sich eines vorzüglichen Klimas. Mit dem Jahresmittel von 11,6 Grad ist Locarno die wärmste aller schweizerischen meteorologischen Stationen. Nicht dass das Tessin nun garantiert die Sonnenstube der Schweiz wäre. Es ist auch ein Ort der Katastrophen, der Erdrutsche, der Überschwemmungen, des Dauerregens womöglich – Herr Frisch weiß das. Herr Frisch hat in seiner Erzählung nicht nur alle Arten von Donner im Onsernonetal notiert, sondern auch alle Arten des Regens. Neuerdings schneit es im Tessin auch unter Umständen so intensiv, dass es die Bambus-Hecken der Gärten knickt. Aber wenn es grad mal nicht schneit, nicht regnet, nicht gewittert, wenn der Langensee mal nicht über die Ufer tritt und die Piazza von Locarno überschwemmt, kann es geradezu südländisch sein im Tessin, womöglich an Weihnachten. Frühlingshaft, sagt Frau Frisch.

Eine Einladung. Von drüben, von jenseits der Alpen. Nein, Herr Frisch lebt nicht mehr in Berzona. Seine Asche, ins Feuer gestreut, ist längst verflogen. Und auch Herr Geiser, im Buch fünf Jahre älter als Herr Frisch, braucht wohl keine Herberge mehr... Ascona also. Warum ausgerechnet Ascona? Man kann schöner am See sitzen und speisen als in Locarno, und Herr Geiser möchte mit Herrn Frisch schön am See sitzen und speisen. Locarno ist ja zu dieser Jahreszeit, außerhalb der Saison, halb zu. Die reinste Provinz.

Vulkane hat es im Tessin nie gegeben, lässt Herr Frisch Herrn Geiser im Holozän auf ein Stück Papier notieren. Herr Geiser und seine Zettelwirtschaft! Die Wohnstube seines Häuschens im Onsernonetal ist schon keine Wohnstube mehr vor lauter Zetteln an den Wänden. Schlangen haben kein Gehör, notiert sich Herr Geiser zum Beispiel. Als wolle er sich, allein mit dem Großen Brockhaus, des Menschheitswissens vergewissern, während womöglich alles ins Rutschen kommt: die Talwände im Dauergewitter, der Hang in der Sintflut, sein Gedächtnis, sein Verstand.

Milchiges Licht an der Seepromenade, aber sonnig. Kalt ist es nur im Schatten der Gassen. Ein unwirkliches Licht, weil es nicht zur Jahreszeit passt. In dem Licht, über dem See, verschwimmt alles. Die schemenhaften Hügel an den Ufern wie dunkle Kulissen.

Herr Geiser und Herr Frisch mögen Polenta! Es gibt so viele Möglichkeiten, eine Polenta schmackhaft zuzubereiten: als Maisschnitten, leicht gebraten, oder als cremige Polenta mit ein bisschen Gorgonzola verfeinert. Von der weißen Polenta gar nicht zu reden! Aus weißem Maisgrieß. Eine venezianische Spezialität ursprünglich. Oder täuscht sich Herr Geiser ... mag Herr Frisch keine Polenta? Nur – Spanischen Reis? Das war doch *sein* Rezept, dessen Zutaten er allmählich vergaß ... eine Art Paella? *Frau Frisch fragen,* notiert Herr Geiser auf eins seiner Zettelchen.

Man kann sogar draußen essen, zu Mittag, im „Al Porto", den Mantel im Sessel ausgebreitet wie eine Decke, von der Sonne beschienen. Manzo Brasato und Polenta – Schmorbraten mit cremigem Maisbrei – am Weihnachtstag in der Sonne am See, was will man mehr! Eine Flasche Merlot von Matasci, versteht sich. Herr Geiser und Herr Frisch haben beide das Rauchen aufgegeben. Aber auf den Wein verzichten sie nicht. Wenigstens dies!

Herr Geiser und Herr Frisch unterhalten sich über Saurier. Es muss mit allem gerechnet werden, sagt Herr Frisch: Wie es das Donnergrollen der Saurierschritte auf dem Erdboden plötzlich nicht mehr gab, so werden auch wir auf einmal verschwinden, und mit uns alles Menschliche. Und dann ist das, was wir hinterlassen, nicht mehr verständlich. Rätselhaft all die Zettel für das, was nach uns kommen wird. Wahrscheinlich gibt es ganze Milchstraßen ohne eine Spur von Hirn. Erschreckt Sie das?

Erschreckender, eigentlich, sagt Herr Geiser nach einiger Überlegung, ist die zunehmende Hirnlosigkeit heute und hier. Was ist aus all den Gesellschaftsentwürfen geworden? Der Monte Verità hier in Ascona war doch der Gegenentwurf gegen das Unbehagen in der Kultur, zurück zur Natur als Gesamtkunstwerk! Und der Klarismus – eine platonisch-homoerotische, quasi religiöse Bewegung, begründet von dem deutschbaltischen Künstler Elisàr von Kupffer, der sich im Tessin niederließ und als Religionsstifter Elisarion nannte. Die 84 glücklichen Jünglinge auf Elisàrs monumentalem Rundbild von 1924, das seit Jahrzehnten provisorisch auf dem Monte Verità in einem Schuppen untergebracht ist, brauchen dringend eine bessere Zukunft!

Und auch das „Grand Hotel Locarno", seit Jahren geschlossen, verfällt, wenn man's nicht schleunigst für 22 Millionen kauft! Immerhin, die Website existiert noch. Und so könnten wir jetzt online eine Suite buchen. Und dann träfen wir uns dort, all die Literaten aus der Umgebung, Hesse mit seinem Schützling Peter Weiss, Andersch, Elisàr und Eduard von Mayer mit Golo Mann, und da wäre auch George nicht fern, und die Highsmith dürfte nicht fehlen, und die Skandalgräfin von Reventlow flirtete womöglich mit Remarque in einem anderen Winkel, nach Mitternacht in dem großen Saal bis ins Morgengrauen… Und in den großen Spiegeln, die's doch geben muss in dem Saal, gäbe es uns alle nicht. Denn es wäre ja kein gewöhnliches Bankett. Tanz der Vampire. Geschlossene Gesellschaft!

Eigentlich, sagt Herr Geiser, müsste aus dem milchigen Licht jetzt ein Schiff anlanden – wo keins mehr erscheint, zu dieser Jahreszeit. Als wäre der See mit dem Steg eine Bühne. Die Uhr steht still. Abfahrtszeit oder Ankunftszeit?

Herr Geiser ist nie in Venedig gewesen. Nicht einmal an einem 24. Dezember. Wo doch Venedig nur am 24. Dezember für Literaten erträglich sein soll, wie man von Literaten, die sich in Venedig auszukennen pflegen, hört… Am 24. Dezember nämlich gibt es in Venedig keine Touristen. Und nur am 24. Dezember. Und schon am 25. Dezember müssten wir dann wieder weg sein! Aber wir sind jetzt nicht in Venedig, Herr Geiser, sondern in Ascona. Und auch in Ascona sind wir Touristen zur Unzeit. Darauf kann man sich verständigen. Und der Mensch erscheint nicht im Holozän, sagt Herr Geiser, das wissen Sie ja – wann der Mensch erschien, Herr Frisch, ist mittlerweil aber noch viel unsicherer und komplizierter geworden. So plötzlich, wie wir mutmaßlich verschwinden werden, sind wir nicht erschienen.

And doch ist's nur ein Augenblick, dass wir da sind! Der Mensch ist erdgeschichtlich betrachtet, kosmisch womöglich, ein Tourist – der Tourist per se, Herr Frisch. Ein trüber Gast. Gute Reisende sind herzlos, sagt Elias Canetti in den „Stimmen von Marrakesch". Und gute Literaten sind es auch! Touristen im Leben anderer, die womöglich zur Unzeit mal rasch vorbeischauen mit ihrer Zettelwirtschaft, in der Sonnenstube natürlich, sich ein paar Notizen machen und weiterziehen, das wissen Sie doch… Noch ein Gläschen, Herr Frisch? Eine Flasche Merlot!

Warum eigentlich, Herr Geiser, watschelt ein Schwan am 24. Dezember mitten auf der Seepromenade von Ascona? Ein Schwan auf Pflastersteinen ist entweder eine Perversion oder eine Erbärmlichkeit. Herr Frisch ist furchtloser als Herr Geiser. Schwäne sind doch gefährlich! Auch wenn's keine schwarzen sind.

Wer denn ist dieser Schwan?

»Diese Luft! Diese Stille!« – Große Dichter im Tessin

In Berzona, einem kleinen Dorf im Onsernonetal, kauft **Max Frisch** 1964 ein Steinhaus. Zu dieser Zeit ist er dank Werken wie „Stiller" oder „Homo Faber" bereits ein bekannter Schriftsteller. Mehrere Monate im Jahr lebt er nun im Tessin, die restliche Zeit verbringt er meist in Zürich. Seine Ferienheimat beschreibt er einmal so: „82 Einwohner, kein Ristorante, nicht einmal eine Bar. Jeder Gast sagt sofort: Diese Luft und diese Stille!" Im Onsernonetal lässt er auch seine Erzählung „Der Mensch erscheint im Holozän" spielen. Als Frisch 1991 im Alter von 79 Jahren stirbt, verstreuen Freunde seine Asche in Berzona. Am Friedhof des Ortes erinnert heute eine Gedenktafel an ihn.

Hermann Hesse kennt das Tessin bereits von Besuchen auf dem Monte Verità, als er sich 1919 nach der Trennung von seiner ersten Frau in dem Bergort Montagnola ansiedelt. Dort bewohnt er zunächst Räume in der schlossähnlichen Casa Camuzzi, in denen er u. a. „Klingsors letzter Sommer" schreibt. 1931 zieht er mit seiner dritten Frau in die Casa Rossa, wo er bis zu seinem Tod wohnen bleibt. Sein Grab befindet sich im Nachbarort Gentilino.

Das Haus von **Golo Mann** liegt oberhalb von Berzona an einer Lichtung. Seit 1961 verbringt er hier die Ferien und arbeitet u. a. an seinem „Wallenstein". Mit dem Nachbarn Max Frisch macht er im August 1968 eine Wanderung – dabei ein Radio, um die Zerschlagung des Prager Frühlings zu verfolgen. Aber der zunehmend konservativere Mann und der eher linke Frisch werden keine Freunde: „Ich mag den Menschen auf den Tod nicht leiden", schreibt Mann einmal.

In Porto Ronco bei Ascona kauft **Erich Maria Remarque** 1931 die Villa Casa Monte Tabor, die er bald zu seinem ständigen Wohnsitz macht. Im Frühjahr 1933 lässt er Emigranten aus Deutschland in der Villa unterkommen. Während des Zweiten Weltkriegs lebt der Autor von „Im Westen nichts Neues" in den Vereinigten Staaten, seit 1948 wohnt er abwechselnd in New York und im Tessin. Nach seinem Tod 1970 wird er in Porto Ronco beigesetzt.

Die Natur braucht keine Namen, notiert Herr Geiser aus Basel, der eigentlich Herr Frisch in Berzona ist, auf einem seiner Zettel. Aber Herr Frisch will doch gar nicht Herr Geiser sein … und Herr Geiser nicht womöglich sein eigener Vater …

Hier kann nur noch eine venezianische Gondel anlanden, die aus dem Nichts kommt, diesem Dunst! Und an Land ginge … Aschenbach? Und der Regisseur wäre … Visconti?! Und wir würden alle Mitglied im Verein Pro Elisarion und verhülfen den 84 glücklichen Jünglingen zu einer besseren Zukunft – jenseits des Unbehagens in der Kultur, oder: im großen Saal des „Grand Hotels" womöglich? Wo anlässlich der großen Friedenskonferenz 1925 die Aufnahme Deutschlands in den Völkerbund vorbereitet wurde. Wo Geschichte geschrieben wurde! Wo zu guter Letzt noch die Filmwelt sich traf. In der Halle unter dem größten Murano-Glasleuchter der Welt?

Ein Reigen von 84 splitternackten, namenlosen und erfundenen Jünglingen, die verliebt lächelnd posieren, mit Schmetterlingen und Blumengirlanden, als Rundbild im milden Frühlingslicht über dem See … der, mit abnehmendem Licht, verschwindet. □

Der Autor speiste am 24. Dezember 2008 mittags im Restaurant „Al Porto" an der Seepromenade von Ascona – allerdings nicht mit Herrn Frisch.

»So wie es die Dinosaurier plötzlich nicht mehr gab, so werden auch wir verschwinden«

Alfred Andersch zieht 1958 in eine alte Seifenfabrik in Berzona im Onsernonetal – er ist der erste der drei großen Schriftsteller, die sich hier ansiedeln. Max Frisch und er lektorieren sich eine Zeitlang gegenseitig – 25 Seiten umfasst Frischs Kritik von Anderschs Roman „Efraim" –, Anderschs Frau ist Trauzeugin bei Frischs Hochzeit. Später entfremden sie sich und sprechen jahrelang nicht miteinander. 1980 stirbt Andersch, sein Grab findet man auf dem Friedhof des Ortes.

Der noch völlig unbekannte **Peter Weiss** schreibt 1937 einen Brief an Hermann Hesse – mit der Bitte um Rat bei seinem künstlerischen Weg. Auf Hesses Antwort hin fährt der 20-Jährige nach Montagnola. Zweimal verbringt Weiss mehrere Monate dort, Hesse empfiehlt ihn bei Verlagen und ermutigt ihn zum Kunststudium. Weiss, der mit Theaterstücken wie „Die Ermittlung" berühmt wird, steht in unregelmäßigem Briefkontakt mit Hesse bis zu dessen Tod.

1981 lässt sich die damals 60-jährige **Patricia Highsmith** im Dorf Aurigeno im Maggiatal nieder und genießt die Abgeschiedenheit: „Ein Ort voller alter Häuser, mit einfachen Leuten und ein paar Touristen im Sommer." Ihre letzten Jahre verbringt die Krimiautorin („Zwei Fremde im Zug") in Tegna am Eingang zu den Centovalli, zunehmend einsamer und meist nur umgeben von ihren Katzen. Sie stirbt 1995 und wird auf dem Dorffriedhof begraben.

Sieben Bäumchen umringen das Grab von **Stefan George** in Minusio. In den Ort am Lago Maggiore hatte sich der Dichter im Sommer 1933, einige Monate nach der Machtübernahme der Nationalsozialisten, zurückgezogen. Im Dezember desselben Jahres stirbt er im Krankenhaus von Locarno im Alter von 65 Jahren. „Genug, genug", sollen seine letzten Worte gewesen sein. Die Totenwache hält unter anderem der spätere Hitler-Attentäter Claus von Stauffenberg.

Zwerggestalten am Wasserfall: Die Outdoor-Sportler wirken winzig vor dieser Felswand

Sie springen von hohen Felsen, seilen sich in Schluchten ab, tauchen durch eiskalte Bäche. Beim Canyoning suchen moderne Abenteurer das Erhabene in der Natur – genau wie die Dichter und Künstler, die vor mehr als zwei Jahrhunderten ins Gebirge aufbrachen

Die neuen Romantiker

TEXT: JONAS MORGENTHALER, FOTOS: JÖRG MODROW

1

2

3

4

1 Harmloser Anfang: Der kleine Fluss im Valle Leventina wirkt zunächst noch freundlich **2** In den Stein gehauen: Wie Bergsteiger nutzen Canyoning-Sportler beim Abseilen Karabinerhaken **3** Die Schlucht bezwingen: Abstieg zwischen dicht gedrängten Felsen im Verzasca-Tal **4** Da hilft nur rutschen: Das Flüsschen von Bild 1 fließt jetzt etwas flotter – und steil abwärts **5** Zögern vor dem Abstieg: eine weitere Herausforderung auf dem Weg durch die Schlucht **6** Abtauchen nach dem Sprung ins kalte Wasser

Den Fels am eigenen Körper spüren

Flache Wasser sind gefährlich: Abseilen ist hier die sicherste Möglichkeit, nach unten zu gelangen

Mitten auf einem Asphaltsträßchen in den Bergen verwandeln wir uns. Die sommerlich-dünnen Hosen und T-Shirts landen im Kleinbus. Halbnackte junge Körper glänzen kurz in der spätherbstlichen Sonne. Es quietscht und ploppt, als wir uns mit Mühe in die Gummianzüge zwängen – und schließlich aussehen wie Außerirdische in einem billigen Siebziger-Jahre-Science-Fiction-Film.

Etwas unsicher laufen wir in der neuen Kleidung auf einem Kiesweg den Berghang hoch. Sogar Dominik Fischer, unser Guide, wirkt tollpatschig – dabei ist er Outdoor-Profi. Seit vielen Jahren bietet er Canyoning-Touren an. Dieser Abenteuersport ist seit Anfang der neunziger Jahre populär geworden – und funktioniert im Grunde ganz einfach: Man nehme eine gute Kletter- und Wassersportausrüstung sowie eine geeignete Schlucht und steige mit ersterer durch letztere ab – rutschend, springend und schwimmend.

Aber noch sind wir auf dem Weg nach oben. Laufen vorbei an Berzona, einem winzigen Alpendorf im Onsernonetal, in dem sich die Rustici dicht drängen – flankiert von einem schlanken Campanile, der hoch in den Himmel greift. Jeder Wanderer wäre jetzt vollkommen zufrieden, würde rasten und sich an einige der ehemaligen Bewohner erinnern, Max Frisch, Alfred Andersch, Golo Mann. Wir nicht. Wir wollen nicht nur betrachten, wir wollen die Natur spüren und erleben.

Kurz darauf beginnt das Rauschen und hört nicht mehr auf. Ein ständiger Begleiter beim Abstieg durch die Schlucht. Zwischen Büschen und Bäumen braust der Fluss nach unten. Sein Bett ist eine Welt aus Stein, vom kleinsten Kiesel bis zum meterhohen Brocken. Dominik erinnert noch einmal daran, dass wir nicht springen müssen, wenn wir nicht wollen – wir sind schließlich auf einer Anfängertour.

Daran zweifeln wir allerdings, als wir sehen, wo wir jetzt hinunterrutschen sollen. Gleich nach der Einstiegsstelle schießt der Fluss durch eine enge Rinne steil herunter in ein ovales, dunkles Becken.

Ein starker Griff schreckt mich aus der Naturbetrachtung. Ich lande im Wasser und werde nur noch an der Schwimmweste festgehalten. Das Rauschen ist jetzt ganz nah, dröhnt in die Ohren. Über mir steht Dominik und grinst: „Okay?" Ich nicke – und flutsche weg. Gut sieben Meter schwemmt mich der Fluss hinunter und lässt mich dann in das tiefe Becken fallen. Widerstand zwecklos. Der Nächste bitte. Die einen schlittern voll Abenteuerlust, andere versuchen noch zu bremsen und rutschen unbeholfen wie auf dem Rücken liegende Schildkröten nach unten.

Einige Schwimmzüge durch das eiskalte Wasser des Beckens, hinausklettern und bergab bis zu einem großen Felsen kraxeln. Dahinter geht es steil nach unten, vier Meter vielleicht. Hier hilft nur ein Sprung. So ein bisschen rechts vorne sei das Wasser tief genug, meint Dominik. In ein unbekanntes Bachbecken zu springen ist aufregend. Nix da vom Schwimmbad mit sichtbarem Boden. Wo ist es sicher? Verbirgt sich unter der Oberfläche auch wirklich kein spitzer Stein? Jetzt hilft nur das Vertrauen in Dominik. Im Flug spüre ich den kühlen Lufthauch auf der nassen Haut, sehe das dunkle Wasser näher kommen und meine, einen Stein zu erkennen. Dann der tiefe Taucher ins Wasser. Ein badewanniges Planschgefühl stellt sich ein.

Kurz danach steigt die Anspannung wieder. Abseilen ist angesagt, nicht jeder mag das. Das Seil halten, sich von der Wand stemmen und mit etwa zehn Meter Abgrund im Rücken langsam rückwärts den Fels heruntersteigen – etwas viel auf einmal. Vor allem für Tobi, einem gepiercten Sozialarbeiter: „Wie soll ich da schauen, wo ich hintrete? Ich habe Höhenangst!" Wer Angst hat, lehnt sich nicht genügend Richtung Abgrund, wer sich nicht zurücklehnt, hängt haltlos an der Wand wie ein nasser Kartoffelsack. Nur nicht zu viel denken. Lieber zurücklehnen, tauchen, rutschen. Den Körper fühlen. Mitfließen.

Dieser Schluchtenspaß wäre nicht möglich ohne einen fundamentalen Wandel in der Wahrnehmung der Berge. Früher waren sie unwirtliche Schreckgestalten voller Gefahren. Die Alpen waren nicht mehr als ein Hindernis, welches leider ab und an überquert werden musste. Doch ab dem

18. Jahrhundert machten Literaten, Maler und Dichter sie zu Stars. Schon 1729 dichtete der Schweizer Arzt Albrecht von Haller nach einer Reise in die Bergwelt begeisterte Verse, schrieb von „beglänzten Höhen“ und einem „dick beschäumten Fluss“, der durch Felsenritzen dringt und „mit gäher Kraft weit über ihren Wall schießt“. Das Hochgebirge wurde zur Kreativquelle für Literaten, Maler und Dichter. Viele waren auf der Suche nach dem, was der britische Philosoph Edmund Burke Mitte des 18. Jahrhunderts als das „Erhabene“ beschrieb: Archaische Natur, die mehr ist als nur schön, die überwältigt und angenehm erschauern lässt. Auch der englische Dichter William Wordsworth suchte die rauschhafte Natur und beschrieb sie voller Pathos:

(...) Die Wasserstürze aus
der klaren Bläue;
Das Murmeln in den schroffen
Felsenklippen
Nah unserm Ohr;
schwarztropfendes Gestein
Am Wegesrand,
aus dem es zu uns sprach,
Als ob der Felshang
eine Stimme berge;
Der bange Anblick und die
schwindeltiefe
Vorausschau auf den tosenden
Gebirgsbach; (...)
Tumult und Friede, Finsternis
und Licht –
’s war alles wie das Wirken
eines Geistes,
Die Züge eines einzigen
Gesichts (...)

(aus: William Wordsworth: Präludium oder Das Reifen eines Dichtergeistes. Übersetzt von Hermann Fischer. Stuttgart 1974)

Wordsworth erinnert mit diesen Zeilen an eine Reiseepisode im Jahr 1790: Mit einem Wanderfreund überquerte er den Simplon-Pass nach Italien, verlief sich und war schwer enttäuscht, als er von einem Bauern erfahren musste, dass er die Alpen schon überquert hatte – unwissentlich und dadurch ohne in romantischem Gedankengut schwelgen zu können.

Die Romantiker betrachteten die Berge mit neuen Augen, bestaunten plötzlich so unwirtliche Dinge wie Felswände und Schluchten. Die traditionelle Ästhetik des Schönen reichte ihnen nicht – ebenso wenig wie der Canyoning-Gruppe die Betrachtung der Idylle des dicht bewaldeten Onsernonetals.

Die modernen Abenteuersport-Touristen sind auch sonst von den ungestümen Romantikern gar nicht weit entfernt. Die romantische Begeisterung für die Berge ging im 19. Jahrhundert einher mit der Entwicklung des Alpinismus – der Besteigung und wissenschaftlichen Erforschung des Hochgebirges. Immer höher und tiefer drangen die Alpinisten in das Hochgebirge ein, auf der Suche nach einer unbekannten, gefahrvollen Wildnis, einer Quelle intensiver Naturerfahrung. Technischer Fortschritt machte die Natur nach und nach immer beherrschbarer, ein immer größeres Terrain verlor seinen Schrecken und wurde zur sportlichen Herausforderung. Als um die Wende zum 20. Jahrhundert schließlich auch die Schluchten systematisch erforscht wurden, war der Weg frei fürs Canyoning. Den wissenschaftlichen Kundschaftern folgten Abenteurer, mit der Zeit wurde daraus besonders in Frankreich und Spanien ein moderner Sport. Von den zwei Ländern sprang die Begeisterung über nach Deutschland, Österreich und in die Schweiz. Das Tessin mit seinen vielen Schluchten wurde zu einem Zentrum des Canyoning.

Zu fünft warten wir auf einem kleinen trockenen Fleck im Flussbett auf den Rest der Gruppe. Durch das Geäst fallen einige Sonnenstrahlen auf gründgrauen Stein. Eine Euphorie macht sich breit, einfach so. Wer ist früher nicht

MERIAN | TIPP

Canyoning

Canyoning, auf Deutsch auch „Schluchteln“ genannt, ist nicht gefährlicher als Tiefschneefahren oder Bergsteigen. Praktisch jeder, der in einer guten körperlichen Verfassung ist, kann bei einer solchen Tour mitmachen – egal ob sechs oder sechzig Jahre alt. Wichtig sind dabei eine gute Ausrüstung, ein stabiler Helm und die Begleitung der Tour durch einen professionellen Guide.

(D 6) Indepth Outthere Adventures
Dominik Fischer organisiert Canyoning-, Rafting- und Klettertouren, auch für Familien.
Gordola, Vicolo Cappella
Tel. (0)78 614 98 77
www.indepthoutthere.com
Canyoning-Tour
125-195 Franken mit Mittagessen und Abholservice

(E 5) SwissChallenge
Outdoor-Anbieter aus Luzern mit Basis im Tessin.
Cresciano, Al Boschétt
Tel. (0)76 325 28 82
www.canyoningtessin.ch
Canyoning-Tour 130-300 Franken

Allgemeine Informationen zum Canyoning (z.B. über Ausrüstung) beim Deutschen Canyoning Verein:
www.deutschercanyoning verein.de

Portal für die Schweiz unter anderem mit Schluchtenbeschreibungen und -bewertungen:
www.swisscanyon.ch

gerne auf Steinen herumgeklettert? Wir springen von einem Bein aufs andere, unbefangen und aufgeregt wie kleine Kinder. Wir beobachten den achtjährigen Yaren, Sohn eines Teilnehmers und schon zum dritten Mal in einer Schlucht unterwegs. Fast schwerelos turnt er über die nassen, blank geschliffenen Steine. Abseilen, springen, schwimmen – alles kein Problem für den Kleinen.

Es rauscht, unaufhörlich rauscht es, irgendwann vergisst man die Ausrüstung und die Anstrengung, vergisst Zeit und Ort. Jeder fließt mit dem Wasser. Hier in der Schlucht spürt man die enorme Kraft, die es zwischen den Steinen entwickelt. Wasser sickert durch den Neoprenanzug, eine nasse Kälte, aber der Körper wehrt sich, atmet, arbeitet und drängt die Kälte bis an die Hände nach außen, leider nicht weiter. Noch gut eine Stunde dauert der Abstieg, nach unten hin erscheint die Natur immer wieder voller Fallen. Wackelt der Stein? Wie glitschig ist der Fels, auf den man gerade tritt? Was verbirgt sich unter dem schäumenden Wasser?

Doch dann verlassen wir unversehrt die Schlucht und stehen bald wieder an der Betonstraße, an der wir gestartet sind. Wir holen unsere Sachen aus dem Kleinbus, die Gummigestalten verwandeln sich zurück in Menschen des Medienzeitalters, die in ihrem Alltag mehr betrachten als erleben. Doch heute haben wir in den Tiefen der Schlucht das Erhabene gefühlt, gehört, geschmeckt. Vom Fluss begleitet, waren wir in einer Gegenwelt zum zivilisierten Alltag. Ein aufregender Cocktail aus etwas Gefahr und viel Natur. Oder ganz einfach: Romantik 2.0. □

Die Lettern (D 6) beziehen sich auf die MERIAN-Karte auf Seite 131

Nacht in die Zukunft

Raus aus Muff und bürgerlichen Zwängen: Ein belgischer Industriellensohn gründete 1900 auf dem Monte Verità eine Kolonie für Vegetarier, Feministinnen und Anhänger der freien Liebe

TEXT: PETER MAYER

Hetty Rogantini ist über achtzig. Sie hat viel gesehen und wundert sich nicht, wenn eine esoterische Reisegruppe vor ihr steht und erklärt: „Wir wandern und singen an geomantischen Orten" – an Orten also, an denen „Energieströme" besonders üppig fließen.

Hetty, eine Frau mit Turnschuhen und kaum zähmbarem weißem Haar, schmunzelt nur und sagt: „Da sind Sie auf dem Monte Verità genau richtig." Sie wird die wandernden Sänger über den Berg führen – ihren Berg, über den sie alles weiß, auf dem sie geboren wurde. Ihr Vater Alessandro de Beauclair war Sekretär jenes Mannes, der 1900 auf der Anhöhe über Ascona die Kolonie „Monte Verità" gründete: Henri Oedenkoven.

Der Industriellensohn aus Antwerpen war damals 25 Jahre alt – und wollte aussteigen. Raus aus den veloursverhangenen bürgerlichen Milbenparadiesen, in denen er zu ersticken glaubte. Er wollte den steifen Vatermörder vom Hals haben, mit weltverbessernder Kraft im Gepäck den Weg zurück zu einem Leben mit der Natur finden.

Begleitet wurde Henri von der über zehn Jahre älteren Klavierlehrerin Ida Hofmann, die er auf einer Kur kennen gelernt hatte. Außerdem dabei: Idas Schwester Jenny, die preußische Beamtentochter Lotte Hattemer sowie die Gräser-Brüder Karl und Gustav. Der eine hatte der k.u.k. Armee den Oberleutnant-Säbel vor die Füße geschmissen, der andere der Malerei entsagt und seine Bilder vernichtet.

In München hatten sie sich getroffen und waren barfuß oder in Sandalen Richtung Süden gezogen. Den Männern wuchsen die Haare auf dem Kopf und am Kinn zu apostolischer Würde. Die Frauen hatten verächtlich ihre Korsette weggeworfen und trugen luftige Flattergewänder. Auf einer steinigen und verkrauteten Viehweide mit Blick über den Lago Maggiore starteten die Pioniere ihr lebensreformatorisches Experiment, in das Oedenkoven elterliches Geld, die anderen Erspartes steckten.

Die Siedler rodeten, pflanzten und jäteten – wer wollte, auch nackt. Salz, Fleisch und Kaffee verbannten sie aus ihrem Stoffwechsel und verschmähten Alkohol. Störrisch und ausdauernd konnten sie darüber palavern, ob Gemüse roh oder gekocht sein müsse. Als Henris Mutter einmal Geld für eine Kuh spendierte, knallten die Verweigerer von Milchspeisen heftig mit denen zusammen, für die Käse keine Todsünde war. Die Kuh löste das Problem auf ihre Weise: Sie verirrte sich eines Tages in einen Schuppen, fraß dort einen Kübel Schmierseife leer und schloss für immer die Augen.

Bei Themen wie Frauenemanzipation, Ehe ohne Trauschein oder Friedensbewegung waren die Monteveritaner ihrer Zeit weit voraus – ohne dabei selbstherrlich oder fanatisch zu werden. Henri Oedenkoven, der zivilisationskritische Realo, hatte etwa gegen den Anschluss einer Stromleitung nichts einzuwenden. Und in der Casa Anatta, einer Holzvilla, die er für sich und Ida Hofmann baute, stand im Salon ganz bürgerlich ein Flügel.

Um Geld einzunehmen, eröffnete er für Pensionsgäste eine Naturheilanstalt. Selbst von Tagesbesuchern verlangte er Eintritt – zwei Franken pro Person. Beliebtes Souvenir für die Besucher wurde eine Postkarte mit einem unbekleideten Exkonsul bei der Garten-Eden-Arbeit und der Aufschrift: „Die Schande hat uns gekleidet, die Ehre wird uns wieder nackt machen."

Für Karl Gräser, den Fundi, war das zu viel an Kommerz. Er verließ die Kolonie, siedelte sich aber in Rufweite an. Sein noch radikalerer Bruder Gustav „Gusto" wurde ausgewiesen, weil er seine drastische Bedürfnislosigkeit als provokante Faulheit auslebte. Er hauste zeitweise in einem Felsenloch in der Nähe, zog dann im Planwagen mit Frau und vielen Kindern durch Europa, tanzend und Reden schwingend, kehrte aber immer wieder nach Ascona zurück.

Im Jahr 1907 machte Hermann Hesse auf dem Berg eine Alkoholentgiftung. Eine Zeit verbrachte er mit Gusto in dessen Höhle, „nackt und aufmerksam wie ein Hirsch in meinem Geklüfte", kehrte zurück ins bürgerliche Leben, fiel jedoch neun Jahre später nach einem seelischen Zusammenbruch dem Freund erneut in die Arme. Gusto wurde Vorbild für die Titelgestalt in Hesses Roman „Demian".

Der Berg zog geistige Sonderlinge jeder Art an: Mystiker und Anarchisten, Hungerapostel, Sexualasketen und Schmarotzer. Die Monteveritaner waren tolerant, auch wenn, wie Ida Hofmann einmal notierte, „heillose Unordnung auf unserem Berg" herrschte. Den Maler Fidus etwa begleitete eine Muse, die zum Schrecken der anderen nur Kaffee trank.

Viel Aufsehen erregte der Psychiater Otto Gross. Er war gekommen, um sich von seiner Kokainsucht zu kurieren. Zugleich wollte er eine Akademie gründen, die die Befreiung von allen krank machenden ge-

MERIAN | TIPP

Monte Verità

Die ehemalige **Aussteigersiedlung** liegt nordwestlich von Ascona. Die Ausstellung in der Casa Anatta ist bis 2011 geschlossen – doch in Hotel, Restaurant und vor allem im großen Park kann man weiter dem Geist des Ortes nachspüren. **Tel. 091785 40 40 www.monteverita.org**

Weltverbesserung durch Gartenarbeit: Diese Postkarte mit dem Bild eines Exkonsuls war um 1910 bei Besuchern sehr beliebt

sellschaftlichen Zwängen propagieren sollte. Als Heilmittel dafür galt eine entfesselte Sexualität, die der Arzt auch sich selber reichlich verschrieb.

1916 erschien ein Theodor Reuß als Großmeister des Ordo Templi Orientis, kurz O.T.O. Mit okkultem Brimborium verführte er so manchen Monteveritaner zu ekstatischer Unzurechnungsfähigkeit. Gerüchte über heiße Orgien stürzten den Berg hinab und verbreiteten sich im Land, bis Henri Oedenkoven genug hatte und den Heilsbringer davonjagte.

Auch Rudolf von Laban, der Meister des Ausdruckstanzes, hatte sich mit seinen Eleven an nächtlichen O.T.O.-Zeremonien im Fackelschein beteiligt. „Balabiott", Nackttänzer, nannten die Einheimischen Asconas in neidischer Verachtung die Truppe. Laban, später Ballettdirektor der Staatsoper Berlin, kam noch einige Male mit seiner Sommerschule auf den Berg. Auch Mary Wigman gesellte sich zu den, wie sie später schrieb, „farbigen Schmetterlingen, die ohne Sinn und Verstand in der Gegend herumgaukelten". Sie wurde Labans berühmteste Schülerin.

Die Geschichte des Monte Verità ist eine fortdauernde Abkehr von den Idealen der Gründer. Robert Jentschura, ein ostpreußischer Landvermesser, war der erste Bewohner, der nach einer Weile die Haare wieder kurz trug und Würstchen aß. Auch Alkohol und Tabak ließen sich bald nicht mehr erfolgreich verbannen. Als dann im Ersten Weltkrieg die neutrale Schweiz eine hohe Fremdensteuer erhob, schrumpfte die Zahl der Besucher, das Geld wurde knapp. Henri Oedenkoven verlor die Lust. Nach 20 Jahren zog er mit Ida Hofmann ab, landete in Brasilien und verdunstete randlos in der Geschichte.

Endlos palaverten die Siedler über die richtige Zubereitung ihres Gemüses

1926 kaufte der Bankier und Mäzen Eduard von der Heydt den Monte Verità, auf dem er am liebsten in kurzen Hosen und mit ärmellosen Leibchen spazierte. Vom Architekten Emil Fahrenkamp ließ er ein Hotel in Bauhausstil errichten. In den folgenden Jahrzehnten war es für die europäische Prominenz schick, sich auf dem einstigen Hügel der Aussteiger zu treffen: Gerhart Hauptmann und Richard Strauss kamen, die niederländische Königin Juliana und ihr Prinzgemahl, der große Emil Jannings, der kleine Heinz Rühmann und Konrad Adenauer.

Als der Baron 1964 starb, übernahm der Kanton Tessin den Berg. Das Hotel wurde mehrfach renoviert und wird heute von Architekturtouristen genauso besucht wie von Wissenschaftlern, die hier Fachtagungen abhalten. In der Casa Anatta richtete der Ausstellungsmacher Harald Szeemann vor 30 Jahren unter dem Titel „Brüste der Wahrheit" eine umfassende Ausstellung ein – mit Briefen, Fotos, Zeitungsausschnitten zur Geschichte der Kolonie. Zurzeit aber ist sie wegen Renovierung geschlossen.

Hetty, die Hüterin in diesem Haus der Erinnerungen, kann Besucher im Moment nur über den Hügel mit dem großen Park führen. Zu den Magnolien mit ihren mächtigen Blütenkelchen, die Baron von der Heydt pflanzte. Oder zu den gewaltigen, von Efeu überwucherten Hundertjährigen, deren Schösslinge die Ur-Monteveritaner in die Erde gesteckt haben.

Und Hetty geleitet zu einem Grab mit schwarzer Basaltplatte. Dort ruht in Frieden ein Bild, geschaffen 1978 als Gemeinschaftsarbeit dreier Künstler. Es sollte verkauft und der Erlös für Szeemanns Ausstellung verwendet werden. Doch niemand wollte das Werk haben. So wurde es beerdigt dort, wo auf dem Monte Verità die „magnetische Strahlung" am stärksten ist. „Ein Jux", sagt Hetty. Aber die singende Wandergruppe ist so gebannt, dass sie vergisst, an diesem geomantischen Ort ihr Lied anzustimmen. □

Unterwegs mit dem berühmtesten Tessiner der Gegenwart

Mario Botta

Er baut in Tokio, San Francisco und Seoul, doch zu Hause ist er im Tessin: Stararchitekt Mario Botta fährt mit MERIAN ins Dorf seiner Kindheit, erklärt den Zauber uralter Kirchen – und warum Urlaub für ihn ein Fehler ist

TEXT: OLIVER FISCHER
FOTOS: HELMUT WACHTER

Weit oben, aber nicht am Ziel: Botta an seiner Kapelle auf dem Monte Tamaro. Er ist jetzt 66 und arbeitet seit einem halben Jahrhundert als Architekt. Noch mindestens 30 Jahre möchte er weitermachen – und dann am Schreibtisch sterben

Bauten wie Festungen, offen nur zum Himmel hin

1 Botta war erst 20, als er in seinem Heimatdorf Genestrerio das Pfarrhaus (r.) baute. 1999 entwarf er die neue Fassade für die Dorfkirche **2** Kapelle auf dem Tamaro mit zylindrischem Gottesdienstraum **3** Kirche von Mogno im Maggiatal

3

„Das Licht", ruft Botta, „sehen Sie, wie sich das Licht ändert?"

Zum Glück sitzt man nicht jeden Tag mit einem Stararchitekten im Auto. Mario Botta steuert seinen weißen Mercedes mit hoher Geschwindigkeit über die Autostrada A 2 Richtung Süden. Das Anschnallsignal plingt seit der Abfahrt aus Lugano, zunehmend kraftlos. Das Handy klingelt, weiter vorn schert ein Tanklaster auf die linke Spur. Es gäbe vieles, worum man sich jetzt kümmern könnte, aber Mario Botta beugt sich vor zur Windschutzscheibe und macht eine Handbewegung ins Ungefähre: „Das Licht", ruft er, „sehen Sie, wie sich das Licht ändert?"

Man sieht es zwar nicht, will aber die schöne Stimmung nicht verderben. Und Botta deutet auch schon nach links, wo sich 1700 Meter hoch die Flanken des Monte Generoso recken. „Der letzte Berg der Alpen", sagt er, ab hier öffne sich das Land zur Ebene. Das Mendrisiotto beginnt, der äußerste Süden des Tessins, Bottas Heimat. Eine Gegend mit sanft gewellten Hügeln, über die sich Felder und Weinberge rollen, und die hinüber schwingt nach Italien, in die Lombardei und die Po-Ebene und immer weiter. „Sehen Sie den weiten Horizont? Man kann das Meer schon spüren."

Der Wagen schwenkt nach rechts, Botta fährt von der Autobahn ab, ein paar Minuten lang geht es vorbei an Feldern mit Maisstauden, die von der Sonne gebleicht sind. Dann ist er in Genestrerio, dem Dorf seiner Kindheit. Ein kleiner Ort mit 900 Einwohnern, auf weniger als 100 Metern ist hier alles beisammen: Die große Wiese in der Ortsmitte, auf der er Fußball gespielt hat – immer im Tor, er war ein kränkliches Kind und taugte nicht zum Stürmer. Auf der anderen Straßenseite, gegenüber der Post, das gelbe Haus, in dem er gewohnt hat – mit Mutter, Großmutter und Tante, der Vater hatte die Familie früh verlassen.

„Die Feinfühligkeit der Frauen hat mich geprägt", sagt er. Architektur sei eine feminine Kunst, weil sie mit „Mutter Erde" zu tun habe. Und während man noch überlegt, ob man jetzt eine Diskussion über Geschlechterklischees anzetteln soll, steigt er aus und geht einige Schritte vor. Ein kleiner Mann mit verwuschelten grauweißen Haaren, er trägt ein Hemd mit Stehkragen und ein grob gemustertes, blaues Jackett.

Mit ein paar Handbewegungen zeigt er, dass man ihm folgen solle – zum Pfarrhaus rechts neben der Kirche. Es ist eines seiner ersten Häuser, gebaut vor mehr als 40 Jahren. Eine leichte Anspannung kommt über ihn. Mit schnellen, knappen Bewegungen geht er um das Gebäude herum, geht immer wieder vor und zurück, betrachtet prüfend die Mauern aus Naturstein und das V-förmige Ziegeldach – so als müsse er die ganze Konstruktion noch einmal im Kopf nachvollziehen, bevor

1 Entspannungsort Büro: Botta diskutiert einen Entwurf mit einem Mitarbeiter. An der Wand Abbildungen eines Hochhausprojekts in Südkorea
2 Meditation vor Sichtbeton: die Bibliothek des Kapuzinerklosters von Lugano baute Botta in den siebziger Jahren

In Gottes Hand: Ob er gläubiger Christ sei, will Botta nicht sagen. Sicher ist, dass seine Kirchen mit zu seinen berühmtesten Bauten gehören – wie hier die Kapelle auf dem Monte Tamaro mit dem Altarbild von Enzo Cucchi

er sicher sein kann, dass sie wirklich dort steht. Er sagt, er erinnere sich genau an den Tag, als der Rohbau fertig war: Er stand unter dem offenen Dachstuhl, das Sonnenlicht fiel herein, er spürte ein überwältigendes Gefühl von Glück. Da war er gerade 20 Jahre alt und studierte noch an der Kunsthochschule in Mailand.

In den darauf folgenden Jahren überraschte Botta die Architekturszene mit Bauten, die aussahen wie Türme oder Festungen: mit massiven Mauern, tief eingeschnittenen Fenstern, manchmal nur über eine kleine Brücke zu erreichen. In den sechziger und siebziger Jahren war das der Gegenentwurf zur Klassischen Moderne. Deren Ideal vom Haus sah so aus wie das berühmte *Glass House* von Philip Johnson, dessen Wände nur aus Glas bestehen – ein riesiges Aquarium, von allen Seiten einsehbar. Bottas Häuser dagegen schließen sich gegenüber der Außenwelt ab; sie sollen – so sagt er – wie eine „Schutzhütte" sein oder ein „bergender Mutterleib".

Vorbilder für seine Architektur fand Botta ganz in der Nähe seines Heimatdorfes. Nur zehn Minuten braucht der Wagen von Genestrerio bis zur Taufkapelle von Riva San Vitale, einem würfelförmigen Bau aus dem 6. Jahrhundert. Botta läuft darauf zu, deutet auf den achteckigen Dachaufsatz, – „Sehen Sie, wie er herauswächst aus dem quadratischen Grundriss?" – und tritt ein. Das Innere besteht aus einem einzigen Raum, fast fensterlos und ebenfalls achteckig.

Das Quadrat, der Halbkreis der Apsis, die Achtecke – es sind die unverschnörkelten Formen, die Botta an romanischen Kirchen wie dieser hier gefallen. Formen, die Menschen Klarheit geben und sie nicht in den „Abgrund des Labyrinths" stürzen.

Und es ist die Geschichte dieser Räume. Botta geht in die Mitte der Kapelle, wo ein großes, über 1000 Jahre altes Taufbecken in den Boden eingelassen ist; darüber steht ein zweites, etwas jüngeres Becken. Wenn er hier ist, denke er immer an die vielen Menschen, deren Leben über die Jahrhunderte hinweg an diesen Taufbecken begonnen haben. Wie sie gearbeitet und gefeiert, Kriege, Hunger und Wirtschaftskrisen überstanden haben. „In solchen Räumen spürt man, dass wir nicht allein sind. Hier können wir Identität gewinnen. Es ist unmöglich, in solchen Räumen depressiv zu werden." Deswegen will er in seinen Bauten immer einen Bezug zur Geschichte unterbringen – etwa durch Anspielungen auf romanische Formen.

Zurück zum Auto. Botta steuert den Wagen wieder auf die Autostrada, diesmal Richtung Norden, und ist bald auf dem Straßendamm, der den Luganer See quert. Fast jeden Tag fährt er die Strecke, drüben in Lugano liegt sein Büro – in einem Zylinderhaus, das er selbst entworfen hat. Es ist keine dieser Architekturfabriken mit bis zu 1000 Angestellten, wie sie seine Kollegen Norman Foster oder Frank Gehry betreiben, sondern ein kleines Unternehmen mit 20 Mitarbeitern.

1 Warten im Blaulicht: Busbahnhof am Corso Pestalozzi in Lugano, 2001 von Botta gebaut 2 Lob der unverschnörkelten Form: Seit seiner Kindheit liebt Botta romanische Kirchen, zum Beispiel die Taufkapelle von Riva San Vitale

Bottas Tessin: Die Tour führt vom Heimatdorf Genestrerio zur Kapelle auf dem Tamaro

„Die besten Ideen kommen mir im Halbschlaf“

Fragt man die, wo ihr Chef am besten entspannen könne, sagen sie: hier im Büro, wenn er von Tisch zu Tisch geht, Skizzen zeichnet und Entwürfe korrigiert. Botta selbst erklärt, dass er am Schreibtisch eine Form von innerem Frieden finde, wie ihn andere Menschen vielleicht beim Gebet erleben. Im Büro könne er auch am besten Krankheiten auskurieren – Krankheiten, die er sich nur zuziehe, wenn er den Fehler mache, in Urlaub zu fahren (weshalb er Urlaub mittlerweile ganz gestrichen hat). Das Büro ist außerdem der Ort, an dem er seine Familie trifft: seine drei Kinder Giuditta, Tommaso und Tobia. Sie alle sind Architekten geworden, und alle arbeiten beim Vater.

„Man darf das Leben nicht von der Arbeit trennen“, sagt Botta. Ein Künstler könne nicht Teilzeit arbeiten. In seinem Kopf geht die Arbeit immer weiter, auch wenn er das Büro verlässt: Beim Mittagessen im Restaurant zeichnet er Skizzen auf die Papiertischdecke, noch abends im Bett hat er Bleistift und Papier in der Hand. Die besten Ideen, sagt er, kommen ihm im Halbschlaf – „fast alle großen Projekte sind so entstanden“.

Bei diesem obsessiven Verhältnis zur Arbeit ist es sehr nett von ihm, dass er jetzt nicht nach Lugano ins Büro abbiegt, sondern noch ein Stück weiter über die Autobahn und die Kantonalstraße fährt, bis er an einer Seilbahnstation stoppt. Dort geht es hoch zum Monte Tamaro, auf dem er vor Jahren eine Kapelle gebaut hat, die mittlerweile zu den wichtigsten Sakralbauten des 20. Jahrhunderts gehört.

Statt dessen ruft das Büro auf dem Handy an, kaum dass die Gondel losfährt. Es entstehen einige schöne, meditative Momente, in denen von unten Schafsglocken bimmeln und an der Seite Bäume mit rot-gelbem Herbstlaub vorbeiziehen, während auf der Kabinenbank gegenüber einer der berühmtesten Architekten der Welt für Minuten in einem Gemurmel aus „Si, si“ und „Va bene“ versinkt.

Oben an der Bergstation treiben Wolkenfetzen dicht überm Boden. Botta läuft die paar Meter hinüber zu der Kapelle, die aus zwei Teilen besteht: einer gut 60 Meter langen Steinbrücke und einem kleinen Zylinder, in dem der Gottesdienstraum untergebracht ist.

Die Brücke schießt wie ein Keil aus dem Berg , und während man hinübergeht, hat man für ein paar irritierende Momente das Gefühl, direkt auf die gegenüberliegende Talseite zuzulaufen. Tatsächlich gelangt man so auf das Dach des Zylinders. Die Brücke sei eine Art zur Seite geklappter Kirchturm, sagt Botta, gleichzeitig die symbolische Verlängerung eines alten Bergpfades, der vom Gipfel herabläuft. Dann geht er die Außentreppen hinunter, die zum Eingang der Kapelle führen, und tritt in den runden Innenraum, der – wie er erklärt – eine Anspielung sei auf das Pantheon in Rom. Runde Räume mag er, weil sie den Menschen Orientierung geben: „Ein solcher Raum wird sofort verstanden.“

Er setzt sich auf eine der Kirchenbänke, legt die Hände zusammen und schaut durch die fußbodentiefen Fenster hinunter ins wolkendurchwehte Tal. Er empfinde jetzt Ruhe und Frieden sagt er, und man bewundert ihn ein bisschen dafür, wie schnell er Ruhe und Frieden findet.

Wiederum wundert er sich, dass er nun schon wieder gefragt wird, ob er gläubiger Christ sei – weil er doch so viele Kirchen gebaut hat. „Ich habe auch Banken gebaut, obwohl ich kein Bankier bin.“ Aber das ist Koketterie, denn natürlich interessieren ihn Kirchen mehr als Banken. Eine ganze Weile spricht er mit Hingabe über die Faszination heiliger Räume, in denen das Unendliche anwesend sei. Über Räume, die anders seien als die Räume des Alltags. Über Räume der Stille für eine Gesellschaft, die keine Stille mehr ertrage. Das alles habe nicht unbedingt etwas mit dem Christentum zu tun, sondern eher mit einem allgemeinen Begriff von Spiritualität. Und doch, ja, wenn es nach ihm ginge, würde er nur noch Kirchen bauen.

Auf dem Rückweg fährt er noch kurz durch Lugano, wo man auf 500 Metern Innenstadtstraße an gleich drei Botta-Bauten vorbeikommt: Erst das klotzige Massiv der Gotthard-Bank mit ihren vier Y-förmigen Teilen. Dann der Busbahnhof mit seinem weißen, fast schwebenden Dach, das bei Nacht rot, blau und purpur leuchtet. Direkt gegenüber ein mit roten Ziegeln verkleidetes Bürohaus, auf dessen Dach Botta einen Baum gesetzt hat. Dafür, sagt er, hätten ihn die Kritiker damals ausgelacht. Ein Baum auf dem Dach, der halte doch keine zwei Monate. Aber was stehe jetzt, nach mehr als 20 Jahren, noch immer dort und blühe? Richtig, der Baum.

Es ist nicht einfach, eine Geschichte über Botta zu beenden, denn nach ein paar Stunden mit ihm hat man das Gefühl, dass es noch wochenlang so weiter gehen könnte. Immer weiter über die Tessiner Straßen, hinauf zu seiner feuerwehrroten Autobahnraststätte oben beim Gotthardtunnel, hoch ins Maggiatal zu der Kirche von Mogno, nach Bellinzona zum Swisscom Center. Immer weiter Gespräche über das Licht, über Achtecke, Zylinder, Quadrate, Geschichte und Spiritualität. Und am Ende würde er einem vielleicht ein kreisrundes Haus bauen, irgendwo, an einem Tessiner Südhang.

In Wirklichkeit endet die Geschichte auf einem Parkplatz vor der Architekturakademie in Mendrisio, die Botta vor 13 Jahren mitgegründet hat. Zum Abschied überreicht er ein Buch über seine Architektur, das er aus einem Karton im Kofferraum holt, der so aussieht, als würde er schon seit Monaten im Wagen herumrutschen. Natürlich schreibt er keine Widmung hinein – er malt sie mit einem Tuschestift. Drüben in der Akadmie wird er zu einer Sitzung erwartet, aber er setzt sich noch einmal für Minuten ins Auto und zeichnet: ein Viereck, kreisförmige Öffnungen, Wellenlinien, dazu Flächen, die aussehen wie Segel.

Es dauert eine Weile, bis man es erkennt. Aber am Ende hat man tatsächlich ein Haus von ihm, ein Haus aus schwarzer Tusche. □

Oliver Fischer, *Redakteur dieses Heftes, beschäftigte sich in seiner Magisterarbeit mit Bottas Kirchenbauten.*

Das Feuer knistert, die Schuhe trocknen: Pause nach einem regnerischen Abstieg

Expedition

Hexenhäuschen zwischen Birke und Tannen: Steinhütte bei der Alpe d'Alva

Das Val di Lodrino ist eines der unberührtesten Täler der Schweiz. Zwei Tage und eine Nacht hat unsere Autorin dort verbracht – und sich in der Wildnis mal ganz groß gefühlt und mal ganz klein

TEXT: ELKE MICHEL, FOTOS: PETER HIRTH

Einsamkeit

Gute-Nacht-Geschichte im Licht der Taschenlampe: Übernachten in der Alpe Negrös, einer Hütte auf fast 1800 Metern Höhe

Flammen lodern auf und versinken in Asche: Der Blick ins Kaminfeuer beruhigt, Alltagssorgen verschwinden

Blick aus toten Augen: Tierschädel und Gästebuch der Alpe Negrös. Rechts: steiler Aufstieg zu einer Wasserquelle auf dem Weg zur Alpe Stüell

In manchen Momenten kann das Alleinsein schwindelig machen vor Größenwahn, hier im Val di Lodrino. Auf einmal scheint alles nur noch auf mich zu reagieren

Wenn man zwei Tage niemandem begegnet, ein ganzes Tal für sich alleine hat: Dann kann es passieren, dass sich die Umgebung merkwürdig verändert. Auf einmal scheint alles nur noch auf mich zu reagieren: Die Berge, deren Wälder von fern wie schwarzes Fell aussehen, umringen mich wie riesige, beschützende Tiere. Der Fluss unten im Tal raunt Willkommensgrüße, von weitem starren die Fenster einer Almhütte herüber wie sehnsüchtige Augen. Und es kann kein Zufall sein, dass die Sonne die Lärchen ringsum in Gold verwandelt, immer wenn ich vorüber gehe. In manchen Momenten kann das Alleinsein schwindelig machen vor Größenwahn, hier im Val di Lodrino. Kann Menschen in Einsamkeits-Narzisse verwandeln, die alles auf sich beziehen, wie ein Kind.

Dass ein Tal, das so eine Wirkung hat, im Tessin liegt, verwundert – schließlich hat der Kanton dank seiner Palmen, Seen und Sprache eher das Image eines geselligen Italieners. Doch das Tessin ist auch ein Land für Phantasten und Einzelgänger. Denn der einst sehr arme Kanton hat eines im Übermaß: Orte für alle, die mal kurze Zeit allein sein wollen. Wildnis ganz nah, nur wenige Kilometer entfernt von der Zivilisation. Das Land faltet sich hier in hoch gelegene Seitentäler, die oft unbewohnt sind, und die man nur zu Fuß erkunden kann. Mehr als 20 Prozent des Tessins bestehen aus Gegenden, in denen es keine Straßen gibt. Ähnlich sieht es nur im Misox aus, dem Südwestteil Graubündens; und beide Kantone haben zusammen so viel unerschlossene Natur wie der ganze Rest der Schweiz. Das Val di Lodrino, etwa 20 Kilometer nordwestlich von Bellinzona, ist eines der einsamsten des Landes. Das bestätigt 2008 eine Studie der Eidgenössischen Forschungsanstalt für Wald, Schnee und Landschaft: Selbst an einem Sommertag sind hier nur fünf bis zehn Wanderer unterwegs.

Romantisch, aber auch einschüchternd klingt das. Ich starte zu einer Zweitagestour, den Rucksack gefüllt mit Essen, Getränken und Schlafsack. Handyempfang gibt es im Tal fast nirgendwo; die einzige Landkarte, die ich auftreiben kann, verbirgt die Wege auch noch unter einem verwirrenden Strichmuster aus Höhenlinien – vielleicht sollte ich zur Orientierung zusätzlich die Hänsel-und-Gretel-Methode

Stelle Felsen, orange glühende Bäume: der 2312 Meter hohe „Gipfel von Stüell“. Die Tour führt bis zur Alpe Stüell, gut 400 Höhenmeter unter der Bergspitze

Wanderin über dem Nebelmeer: Der Blick ins Tal in der Nähe der Alpe Negrös erinnert an ein Bild von Caspar David Friedrich

Ich schaue grünen Kastanien hinterher, die bei jedem Schritt über das rote Laub kullern. Freue mich über Birken, zwischen denen Urwald-Farne wuchern

Früher Unterschlupf für Hirten, heute Ferienhäuschen: Alphütte beim Aufstieg ins Val di Lodrino (u.), etwas später Rast mit Talblick (o.)

mit den Brotkrumen einsetzen. In Lodrino beginnt der Weg in die Einsamkeit, einem 1500-Einwohner-Dorf im Haupttal Valle Riviera, 269 Meter über dem Meeresspiegel. Und zunächst ist er steil und laut: Steil, weil er ununterbrochen bergauf führt, über hunderte von Stufen aus Holz und Granit. Laut, weil ich aus dem Haupttal aufsteige, erst oben ins Seitental Val di Lodrino abbiegen werde – und unter mir gerade ein Lärmorchester spielt: In den Chor der Autos und Motorräder trompeten Sirenen ihre Soli, dazwischen dröhnen Paukenschläge – Sprengungen aus einem Steinbruch in der Nähe. Die Zivilisation will mich nicht gehen lassen.

Schon nach kurzer Zeit protestieren einzelne Körperteile, so anstrengend ist der Weg: Die Beine stolpern, die Schultern schmerzen, die Lunge ächzt. Nur die Augen genießen die Tour: Staunen über Bäume, die vielfingrigen Riesenhänden gleichen. Huschen grünen Kastanienfrüchten hinterher, die bei jedem Schritt über das rote Herbstlaub kullern. Freuen sich weiter oben über Birken und Buchen, zwischen denen Urwaldfarne wuchern. Tasten neugierig die zu Ferienhäusern umgebauten Alphütten ab, die ich hin und wieder passiere. Doch nach einiger Zeit habe ich auch davon genug, denn die Aussicht ist meist begrenzt und das Haupttal unter mir mit seiner großen Straße keine Schönheit. Am Ende hilft nur, mich hinauf zu fluchen: Warum, zum Kuckuck, ist die Einsamkeit viel weiter weg, als der Wegweiser im Tal es ankündigte? Dreieinhalb Stunden stand da – jetzt bin ich fast sechs unterwegs.

Erst als ich bei meinem Nachtlager am Eingang des Val di Lodrino ankomme, in genau 1799 Metern Höhe, wird mir wieder klar, warum ich das alles auf mich genommen habe: Ein Hexenhäuschen kauert dort in der Dämmerung im Gras – die Alpe Negrös. Das einst rote Dach ist an vielen Stellen ergraut, die Furchen zwischen den verwitterten Mauersteinen erinnern an Runzeln. Ein wenig verlebt steht die Hütte da und strahlt einen unglaublichen Frieden aus.

Eine Ruhe, die jemand besitzt, der viel erlebt hat: Seit dem Mittelalter dienten solche Alphütten als Sommerunterschlupf für Hirten. Da der Boden im Tal zum Ackerbau gebraucht wurde, zogen sie im Frühjahr und Sommer die Berge hinauf, um das Vieh grasen zu lassen. Erst als nach dem Zweiten Weltkrieg die Landwirtschaft zurückging und im Tal Platz für Weiden frei wurde, gab man die Alpwirtschaft auf. Und ließ die Seitentäler verwildern.

Heute sind im Val di Lodrino noch neun Alpen erhalten, alle unbewirtschaftet und kostenlos offen für Wanderer; einige mit Wasserquelle. Ich betrete den einzigen Raum: ein Tisch und zwei Bänke, ein Schrank mit Geschirr, zwei Sessel am Kamin in der Ecke. Ein grüner Vorhang verdeckt vier Matratzen in einer Nische. Draußen schleicht die Nacht heran, ich mache Feuer. Und da im Dunkeln in dieser spärlichen Einrichtung wenig zu tun ist, werfe ich Äste in die Glut und schaue zu, wie zuerst bläuliche Ringe um sie züngeln, die dann zu Flämmchen wachsen, zu Flammen, immer höher lodern – bis sie wieder zu tanzenden Schlangen zerfasern und in Asche versinken. Viele Male beobachte ich dieses Entstehen und Vergehen. Die Zeit verlangsamt ihre Schritte. Nicht nur die Hüttentüre ist jetzt zu, auch die Pforten im Kopf sind geschlossen für Alltagssorgen. Ich bin angekommen in der Einsamkeit.

Nächster Tag. Aus den Tälern steigt Nebel auf, als wogten dort weiße Seen, am Himmel hängen graue Wolken. Und ich kann nur vermuten, dass der Höhenweg, den ich entlang wandere, weiter ins Val di Lodrino führt: Hier im Seitental gibt es keine offiziellen Markierungen wie beim Aufstieg. Viele Pfade sind sogar kaum erkennbar, weil sie noch aus der Zeit der Alpwirtschaft stammen, nur notdürftig von Freiwilligen ausgebessert werden. Es ist, als liefe ich einen Geheimpfad. Nassgelbe Lärchen krallen sich in die Erde

Rotkäppchen und die gar nicht bösen Extrem-Jogger: die Autorin im Wald nahe der Alpe Stüell (l.), zwei Tessiner beim Training für das Bergrennen Skyrace

Dieses Tal der Einsamkeit ist wie ein Kinderversteck im Wald, eine eigene Welt mit geheimen Pfaden und Hexenhäuschen, ganz nah – aber gut verborgen

am Wegesrand. Weiter oben schweben Dunstfetzen wie Geister über den Baumwipfeln. Immer wieder türmen sich Felswände auf, Seile sind darin eingelassen, an denen ich mich entlang hangele. Manchmal klettere ich über Stufen aus Stein, die mal zu einer Treppe gehört haben müssen – jetzt aber aussehen, als habe ein zorniger Riese sie durcheinander geschüttelt.

Einmal höre ich das Getrappel von Gämsen, manchmal glucksen Bächlein. Ansonsten ist es still, selbst die Vögel schweigen heute. Jetzt fehlen nicht nur Alltagssorgen, sondern auch Geräusche, mit denen man sich beschäftigen könnte. Das Hirn nutzt den Freiraum, um luftige Einsamkeitsgedanken zu produzieren: Warum eigentlich wollen Menschen ausgerechnet an Dienstagen allein sein? Die wissenschaftliche Studie über das Tal ergab, dass dann besonders viele hier wandern, wusste dafür aber keine Erklärung. Sind Dienstage im Tessin so schrecklich, dass viele Leute einfach abhauen? Und warum brauche ich schon wieder viel länger für den Weg als die Einheimischen mir vorausgesagt haben? Sind Tessiner schneller als ich, haben sie Schuhe wie Schweizer Taschenmesser mit Saugnäpfen, Widerhaken, Sprungfedern?

Ich scheine nicht die einzige zu sein, deren Hirn hier oben ein wenig ins Taumeln kommt. Ins Gästebuch der Alpe Negrös hatten einige Wanderer absurde Zeichnungen gekritzelt: eine riesige Bulldogge, die von einem Menschlein geführt wird. Eine Fisch-Skizze – hier im Gebirge! Wenn man nun tiefer ins Tal wanderte, tagelang, dann wüchsen all diese Gedankenspinnereien vielleicht zu Ängsten. Und man spürte die dunkle Seite des Einsamkeits-Größenwahns: Das Gefühl, klein zu sein, verschlungen zu werden vom Alleinsein und der Wildnis, wie die verfallenen Häuser, die ich beim Aufstieg passiert habe – die Dächer fehlten, Moose tapezierten die Wände, aus dem Boden sprossen Farne.

Eine Ahnung, wie sich das anfühlen könnte, befällt mich, als es anfängt zu regnen. Bald klebt Laub an meiner nassen Jacke, Schlamm an den Schuhen, Käfer suchen Zuflucht im Ausschnitt – die Natur scheint Besitz von mir zu ergreifen. Bis zur Alpe Stüell kämpfe ich mich voran, ein weiteres Hexenhäuschen, das zwischen kniehohen Büschen, Felsen und Bäumen hockt. Dann stapfe ich fröstelnd zurück. Ich wollte ja ohnehin heute absteigen.

Ein letztes Mal raste ich kurz in der Alpe d'Alva, die schon am oberen Rand des Haupttals liegt. Das Haus ist das einzige größere Quartier, hier gibt es Getränke, 24 Betten, Strom und Wasser. Dafür kostet die Nacht – im Gegensatz zum Seitental – für Einheimische acht und für Touristen zwölf Franken, die man in eine Kasse wirft. Als ich Brühe koche, pocht auf einmal etwas in die Stille. Schritte, Menschen – die ersten seit zwei Tagen. Dann treten zwei Jogger ein, keuchen „hallo“, und: „wir kommen aus Lodrino!“

Von wegen Taschenmesser-Schuhe – der Tessiner ist so schnell, weil er seine Berge einfach hinauf rennt! Ean Barelli und Marco Gazzola sind Mitte dreißig und joggen die Strecke, die mich gestern sechs Stunden quälte, in etwa 60 Minuten in ihrer Mittagspause.

Sie nehmen es als Training: „Jeden Juni gibt es im Val di Lodrino einen Berglauf, das Skyrace“, sagt Ean. 21 Kilometer ist die Strecke lang, es geht 2200 Meter hinauf und knapp 1900 Meter hinab. 300 Läufer machen dabei mit, an den Hütten stehen an diesem Tag viele Zuschauer.

Ein wenig, überlege ich beim Abstieg durch die tropfenden Wälder, ähneln die beiden zwei Comic-Superhelden: mit ihren bunten Leggins, ihren Riesenkräften, ihren unglaublichen Geschichten. Irgendwie passen sie in die Gegend. Denn dieses Tal der Einsamkeit war wie ein Kinderversteck im Wald: eine eigene kleine Welt, ganz nah, aber gut verborgen. Ein Kosmos, den nur betreten darf, wer eine Prüfung besteht. In dem es Geheimpfade gibt und Hexenhäuschen. In dem man ungestört träumen kann – sich manchmal übergroß fühlt und manchmal winzig.

Das Lärmorchester im Haupttal spielt lauter mit jedem Schritt, heute mit Hubschraubersolo. Ein Feuersalamander krabbelt vom Weg ins Gebüsch. Er flieht so langsam, als könne er nicht glauben, dass ich schon wieder vorbei komme, ich bin doch gestern erst hochgestiegen. Er kann es nicht wissen: Ich war weit weg. □

Elke Michel, *Autorin aus Hamburg, ist bei Freunden für ihren schlechten Orientierungssinn bekannt, einige schlossen Wetten ab, ob sie aus dem Val di Lodrino je zurückkehren würde.*

MERIAN | TIPP

Val di Lodrino

Die einzige brauchbare Wanderkarte fürs Val di Lodrino ist bei Quadraconcept erschienen: **„Valle Riviera. Biasca, Riviera, Calanca“**, 1:25 000. Man erhält sie für 26 Franken im Tourismusbüro in Biasca (Contrada Cavalier Pellanda 4, Tel. 091 862 33 27, www.biascaturismo.ch). Die wissenschaftliche Studie über das Tal findet man im Netz unter **www.wsl.ch/remoteness**, Informationen zur Alva-Hütte unter **www.capanneti.ch**, wer sich fit fürs Skyrace fühlt: **www.lodrino-lavertezzo.ch**

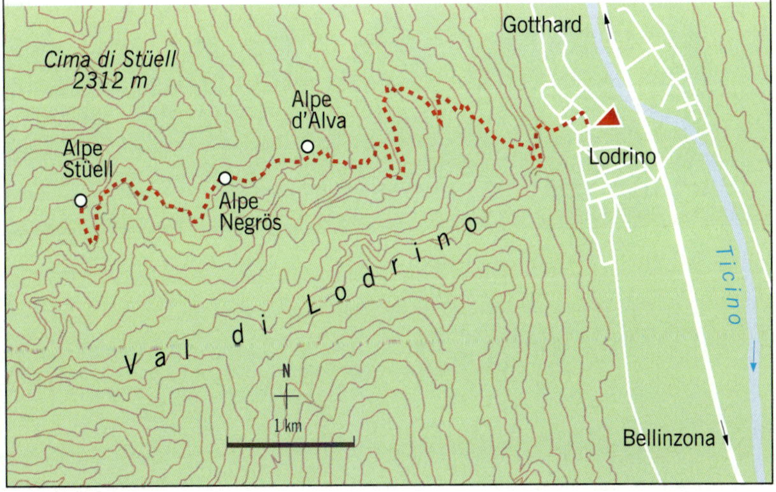

Die Nächte

Marlene Dietrich war hier, Claude Chabrol und Wim Wenders: Beim internationalen Filmfestival rauscht im August die große Welt ins kleine Locarno – und die Piazza Grande verwandelt sich in das schönste Freiluftkino Europas

TEXT: NICOLE HESS

des Leoparden

Hinter der Leinwand schimmert der See: Festivalkino auf der Piazza Grande, nur gut 200 Meter vom Ufer des Lago Maggiore entfernt

Platz für mehr als 3000 Zuschauer: Das Veranstaltungszentrum Fevi wird während des Festivals zu Westeuropas größtem Kinosaal

Ich hab' noch einen Koffer im Tessin: Marlene Dietrich besucht 1960 die Filmtage (ganz links Regisseur Josef von Sternberg). 14 Jahre zuvor war das erste Festival eröffnet worden – im Park des „Grand Hotels" (unten)

Tausende Menschen drängen schon am frühen Abend auf den Platz mitten in der Altstadt von Locarno. Mit T-Shirts oder Badelaken markieren sie die besten Sitzplätze, kaufen sich in einer der Gelaterien ein überdimensioniertes Eis und warten, oft stundenlang. Die Stimmung ist gut, es wird viel gelacht – vor allem über bekannte Gesichter im Publikum, die eine Videokamera vor der Vorstellung einfängt und auf die Leinwand projiziert.

Jedes Jahr im August ist die Piazza Grande der Mittelpunkt des großen Filmfestivals von Locarno. Bei gutem Wetter treffen sich hier bis zu 8000 Zuschauer: Feriengäste, Cineasten, die einheimische Szene und immer mehr politische Prominenz. Für die Schweizer Bundesräte – die höchsten Politiker des Landes – gehört es inzwischen zum guten Ton, am publicityträchtigen Samstagabend vorbeizuschauen, auch der deutsche Altkanzler Gerhard Schröder war schon öfter hier.

Samstags schauen gern die Politiker vorbei

Dann, wenn die Glocken der Chiesa Nuova halb zehn schlagen, erhebt *la voce* die Stimme, der Festivalsprecher: Mit wunderbarem italienischen Akzent, der die Zuschauer vor allem bei englischen Titeln schmunzeln lässt, kündigt er den Film an. Festivaldirektor, Regisseur und Schauspieler treten auf die Bühne, um das Werk zu präsentieren. Hinter ihnen erhebt sich – gut sechs Stockwerke hoch – die wohl größte Freiluftleinwand Europas.

Seit ich das Festival besuche – das sind immerhin 15 Jahre –, bin ich immer aufs Neue fasziniert vom Flair auf der Piazza und natürlich auch von den Filmen: Ich erinnere mich etwa, wie ich einmal bis zwei Uhr morgens mit vielen anderen auf den Stühlen gesessen und das Bollywood-Epos „Lagaan" verfolgt habe – einen Film über ein Cricketspiel zwischen den englischen Kolonialherren und den unterdrückten Einheimischen. Und bei der Uraufführung des schweizerisch-deutschen Bergdramas „Nordwand" stockte mir, in der fünften oder sechsten Reihe sitzend, ob der gewaltigen Bilder aus Schnee und Eis der Atem. Allerdings: Die 14 Meter hohe und 26 Meter breite Leinwand trägt nur kräftige Werke. Wehenden Herzens habe ich schon erlebt, wie leise Kammerspiele oder feine Komödien wie „Mein Name ist Bach" von Dominique de Rivaz hier auseinanderfielen: Mangelnde Opulenz wird von diesem Format gnadenlos bestraft.

Die Piazza Grande liegt bei einem Besuch in Locarno Ende Februar in frühlingshafter Unschuld da, vom Openairkino ist nichts zu sehen: Nach den Festivaltagen wird die Leinwand eingerollt, die Stühle – mehr als 8000 – werden ineinandergestapelt und verschwinden in Lagerräumen. Besucher wundern sich oft, dass es auch sonst in Locarno und Umgebung kaum Kinos gibt – während des Festivals werden die Filme in umfunktionierten Turnhallen oder Mehrzwecksälen gezeigt.

Nach zehn Tagen im Ausnahmezustand, während derer die Stadt bis auf das letzte Hotelzimmer ausgebucht ist, nach einer Überdosis an Kunst und Unterhaltung versinkt Locarno in einen fast zwölfmonatigen Schlaf – um dann Anfang August aufzuwachen. „Der Provisoriumscharakter ist eine Konstante in Locarno", sagt Frédéric Maire, seit 2006 künstlerischer Direktor des Festivals.

Gegründet wurde das Festival 1946 im Garten des „Grand Hotel Locarno" – mit dem Ziel, die Touristensaison, die damals nur bis Ende Juli ging, durch ein Kulturangebot zu verlängern. Heute gehört es zu den Top Ten der internationalen Filmfeste. Gut 180000 Zuschauer kommen während der zehn Spieltage und etwa 1000 Journalisten berichten, mehr als sieben Millionen Euro Budget stehen bereit – auch dank Sponsoren wie der Bank UBS oder der Telekommunikationsfirma Swisscom, die zu Beginn noch ausgepfiffen wurden, sobald ihre Logos auf der Leinwand erschienen.

Unabhängig von der Handschrift der einzelnen Direktoren, die unterschiedliche stilistische und geografische Vorlieben pflegten, hat sich inzwischen ein Konsens nach Schweizer Art eingespielt: Auf der Piazza laufen die großen unterhaltenden Genrestücke, in den Kinosälen dagegen die oft experimentellen Werke junger Regisseure, die um den Preis des Festivals, den Goldenen Leoparden, konkurrieren. Auf diese Weise hat das kleinste unter den großen internationalen Filmfesten seinen Platz zwischen den Giganten gefunden: Anders als Cannes ist es ein Publikumsfestival; im Unterschied zur Mostra del Cinema in Venedig setzt es stark auf filmische Nachwuchskräfte.

Fatih Akin startete als Newcomer in Locarno

Beim Durchblättern alter Kataloge fallen mir die Namen einer ganzen Reihe einstiger Newcomer auf, die inzwischen international erfolgreich sind: Ang Lee etwa oder Fatih Akin, der hier 1998 seinen ersten Spielfilm „Kurz und schmerzlos" zeigte. Dasselbe gilt für die Regisseure, die mit dem Goldenen Leoparden ausgezeichnet wurden: Alain Tanner, Mike Leigh, Jim Jarmusch oder Claire Denis gehören heute zu den anerkannten Persönlichkeiten der Filmkunst. Früher ausgeprägter als heute hat sich das Festival auch mit erlesenen Retrospektiven profiliert, die Cineasten aus aller Welt anlockten.

Etwas wehmütig denke ich an Schauen über Koryphäen wie Orson Welles zurück, mit denen man tagelang in die Filmgeschichte abtauchte. Statt der umfassenden Retrospektiven von einst sind heute regelmäßig Werkschauen von lebenden Regisseuren wie Aki Kaurismäki oder Nanni Moretti zu sehen, die im Gespräch mit den Zuschauern über ihre Filme Auskunft geben.

Die Konkurrenz unter den Hunderten von Festivals weltweit ist in den letzten Jahren gewachsen, einen Film – ob Erstlingswerk oder Hollywoodpro-

Hemd weit offen: Rainer Werner Fassbinder stellt 1974 in Locarno seinen Film „Martha" über eine sadomasochistische Ehe vor. Unten: Eingang zum Festival 1953

Beats statt Bilder: Das Musikfestival „Moon and Stars" beginnt immer einige Wochen vor dem Filmfest. Auf der Piazza Grande treten dann Rockgruppen wie Status Quo und Santana auf

Schneller Erfolg: Zwei Jahre nach der Gründung des Filmfests sind die Vorstellungen im Park des „Grand Hotel Locarno“ ausverkauft

Hüter des Pardo d'Oro: Der Schweizer Regisseur Dani Levy saß 2008 in der Jury, die den Goldenen Leoparden vergibt. Unten: Pavillon des Schweizer Fernsehens

duktion – auf dem Markt zu erstehen, ist selbst für Kenner schwieriger geworden. Dennoch ist es den Machern gelungen, Locarnos Ruf als Festival der Entdeckungen zu festigen. Ein weiteres Problem ist der Niedergang der großen Hotels, in denen sich abends die Szene traf. In den vergangenen Jahren wurden viele Häuser aus wirtschaftlichen Gründen geschlossen. Beim Spaziergang am Seeufer kann man sehen, wie sie zu Luxusappartements umgebaut werden oder als Spekulationsobjekte verfallen. Melancholisch erinnere ich mich an Interviews, die ich auf der Terrasse des „Hotels Reber“ mit dem Regisseur Ken Loach oder dem indischen Star Amir Khan führte.

Besonders schmerzlich war 2005 die Schließung des „Grand Hotel Locarno“: Auf der Terrasse und im Park des Belle-Époque-Baus haben sich früher Regisseure, Kritiker und Schauspieler zum Plaudern bis in den Morgen getroffen – das „Grand Hotel“ war die Seele des Festivals. Heute übernachten Gäste vermehrt in Hotels in Ascona oder Lugano. Zum Glück wurden in den vergangenen Jahren in den Gassen um die Piazza Grande Bars eröffnet, die sich gerade zu Szenetreffs entwickeln. So darf man hoffen, dass der Geist von Locarno auch in Zukunft erhalten bleibt. □

Nicole Hess *arbeitet als Filmkritikerin (u. a. für* Cinéma *und* du*) und lehrt Filmwissenschaft an der Universität Zürich.*

MERIAN | TIPP

Doppel-Stadt Locarno

Wer am Bahnhof Locarno aus dem Zug steigt, muss noch ein paar Meter laufen, bis er wirklich in der Stadt ist: Der Bahnhof liegt im Nachbarort Muralto, der mit Locarno zusammengewachsen, aber nach wie vor eine selbstständige Gemeinde ist. In Muralto findet man auch die berühmte romanische Kirche San Vittore – und das zurzeit leider geschlossene „Grand Hotel“ (siehe S. 36). Zentrum des Festivals ist heute die Piazza Grande in der Altstadt von Locarno. Infos: www.pardo.ch, **Kartenvorverkauf** (ab Juli) unter Tel. 0900800800

>> mehr Informationen zu Locarno auf Seite 116

MERIAN
live!
Tessin
Lago Maggiore · Luganer und Comer See
Gipfel und Palmen – Wo Schweizer Präzision auf mediterrane Gelassenheit trifft • Land der Seen – Mondäner Glanz und Dolce Vita
NEU Straßenkarte zum Herausnehmen

Die Liebe zum Lago

Zwei Länder, ein See: Kurz hinter den Brissago-Inseln beginnt Italien, die Grenze läuft mitten durch das 65 Kilometer lange Gewässer. Nur das oberste Fünftel liegt im Tessin

Das cremige Blau, die Palmen, das weiche Licht – der Lago Maggiore verführt seit Jahrhunderten die verschiedensten Menschen. Für einen Opernsänger, einen Segler und einen Gärtner wurde er zum Glück ihres Lebens

TEXT: WINFRIED SCHUMACHER, FOTOS: GREGOR LENGLER

Benvenuti, der Zauber beginnt

Schauen und träumen: Rast am Ufer von Locarno, dem wärmsten Ort der Schweiz

Traum in Rosarot: Das alte Fischerdorf Ascona ist heute Lieblingsziel der Lago-Besucher

Vom Steg in den See: Porto Ronco hat kein offizielles Strandbad, die Erfrischung ist trotzdem perfekt

Tessiner Tropen: Auf den Brissago-Inseln wachsen Bananenstauden

Manchmal, wenn Ottavio Palmieri morgens um kurz nach halb sieben seine Netze einholt, gehört ihm der Lago Maggiore ganz allein. Keine Segelschiffe, keine Motorboote, keine Luxusyachten von Locarno bis Arona. Mehr als 200 Quadratkilometer spiegelglatte Einsamkeit, auf der allein sein winziges, weißes Fischerboot Wellen schlägt.

Nur eine Schar Möwen schwebt um das Schiffchen mit der reglosen Schweizerflagge überm Außenbordmotor. Sie sind immer da, wenn Palmieri auf dem See ist. „Meine guten Freunde" nennt er sie und wirft ihnen hin und wieder kleine silberne Felchen vor die Schnäbel. „Wenn du allein bist in der Nacht, hast du doch immer einen Kreis Vögel um dich."

Wäre nicht das Kreischen der Möwen und das Zappeln der Forellen und Felchen in der randvollen Plastikbox,

O sole mio, der Süden leuchtet

Ab auf die Insel: Ein Boot bringt Touristen zu den Isole di Brissago. Die kleinere, meist Isolino genannt, ist naturbelassen, auf San Pancrazio lockt ein botanischer Garten

Im Schatten der Gassen: Rings um den See finden sich uralte Dörfer wie Gerra. Und Wälder, in denen man im Herbst wunderbar Kastanien sammeln kann (unten)

Lago Amore: Der Millionär Max Emden kauft die Brissago-Inseln 1927 und feierte dort ausschweifende Feste mit schönen Frauen

hier draußen könnte ein Ort kristallklarer Stille sein, in diesem Boot eines einsamen Fischers, scheinbar irgendwo am Ende der Welt.

Doch dann, nachdem er das letzte Netz ins Boot gezogen hat, breitet Palmieri die Arme aus und fängt an zu singen. Mit bebendem Tenor trägt er Francesco Paolo Tostis berühmtes Lied vom singenden Fischer vor: *E il pescatore canta: Amore, amore, m'hai preso il cuore e non ti vuoi fermare!* (Und der Fischer singt: Oh Liebe, Liebe! Du hast mir das Herz geraubt, doch willst du nicht bleiben!) Als sei die alte Melodie von 1910 nur für ihn geschrieben. Als seien der Lago Maggiore seine Bühne und die Berge ringsum sein Publikum.

Als der letzte Ton verstummt, bleibt er noch einige Momente reglos stehen. Mit seinem runden Gesicht, den halb geschlossenen Augen, dem Kinnbart und dem voluminösen Körper erinnert er jetzt an sein Vorbild, den großen

Buona fortuna, das Glück wohnt hier

Ronco liegt am Nordwestufer des Sees, das Klima ist hier besonders mild. In den sechziger Jahren wandelte sich die Gemeinde zum Künstlerdorf, Erich Maria Remarque und seine Frau Paulette Goddard sind hier begraben

Maestro Pavarotti. Dass der Boden unter seinen Füßen schwankt, scheint ihn nicht zu stören. Auch nicht, dass seine Arbeitskleidung kein Frack ist, sondern eine einfache Anglerhose.

Opernsänger zu werden, das war für ihn lange nur ein Traum. Als Sohn einer Fischerfamilie aus Brissago schien ihm eine Musikerlaufbahn zunächst verwehrt. Erst mit Mitte 30 begann er ein Gesangsstudium in Mailand. Mittlerweile ist er mit berühmten Sängern und Ensembles in Italien, Spanien, Deutschland und der Karibik aufgetreten – am liebsten mit Arien seines Lieblingskomponisten Puccini. Zu Hause aber ist er noch immer am Lago Maggiore. „Der See", sagt er und lächelt trotz seiner 59 Jahre wie ein verliebter Teenager, „ist meine Familie, mein Herz, meine Liebe, ein Freund, so vieles gleichzeitig – der See bedeutet mir alles."

Und der See nährt ihn. Da er von der Musik nicht leben kann, braucht er weiterhin die Fischerei. „Die Fische geben mir die Möglichkeit, als Sänger zu leben, ich weiß das sehr zu schätzen!"

Palmieri gehört zu den nur noch sechs oder sieben Berufsfischern am Schweizer Teil des Lago. Seine Fänge verkauft er direkt an örtliche Läden und Feinschmeckerrestaurants wie das „Ristorante Stazione" in Intragna. Und er ist der letzte der Fischer, der mit Petroleumlampen die Netze markiert. Während die anderen längst auf batteriebetriebene Leuchtbojen umgestiegen sind, flackern an seinen Netzen immer noch die Öllampen, die auf dem Wasser aussehen wie die versprengte Glut eines erlöschenden Feuers.

Manchmal, wenn er Besucher aus Mailand hat, nimmt er sie mit hinaus aufs Wasser. Die Musiker der Scala lieben es, mit dem Tenor auf Fischfang zu gehen. Einmal hatte er einen Violinisten im Boot, der ganz ergriffen war von Palmieris Arie im Morgengrauen. „Wenn du das nächste Mal kommst", sagte ihm der Fischer, „bring deine Geige mit. Du wirst sehen, die Fische werden kommen und dir zuhören."

Palmieri startet den Motor und macht eine Kehrtwende. Der Nebel löst sich langsam auf und gibt den Blick auf die Villen am Hang hinter Brissago frei, auf modernste Wohntempel und ehrwürdige Paläste. „Die Millionäre kaufen sich Grund da oben", sagt er und deutet über das Wasser in Richtung Brissago. „Mir aber gehört das alles hier. Ich habe den ganzen See für mich."

Ein See, der zwei Ländern gehört. Nur das nördliche Fünftel liegt im Tessin, die Grenze zu Italien verläuft mitten durch das Wasser. Wie kleine Edelsteine an einer Perlenkette reihen sich die Orte am Nordufer aneinander, Brisago, Ascona, Locarno. Namen, die durch den See zu Sehnsuchtsorten geworden sind.

Wer einmal sein Herz an den Lago verloren hat, kommt so schnell nicht mehr davon los. Auch der Segler Willy Kaufmann hat einen beträchtlichen Teil seiner 94 Lebensjahre am See verbracht – und ist auch hier gestorben, im Frühjahr 2009. Man kannte ihn am See, und viele schätzten ihn, erinnern sich daran, wie der alte Mann mit dem dichten weißen Haar oft auf dem Steg vor der Segelschule von Ascona stand und über das Wasser blickte, als warte er auf einen heimkehrenden Freund.

Als erster Schweizer Segler überquerte Kaufmann 1951 mit seinem selbst gebauten Zweimaster „Ascona" den Atlantik und lernte später als Yachtenführer an der Côte d'Azur Filmstars wie Liz Taylor und Brigitte Bardot kennen. Darüber sprach er gern: „Die BB verdrehte den Schiffsjungen und Matrosen den Kopf. Uns Seglern gegenüber aber hatte sie keine Starallüren. Nur die Rechnungen wollte sie manchmal nicht zahlen."

Die Sehnsucht nach Wasser und Wind kannte er seit seiner Kindheit. Aufgewachsen als Sohn eines Eisenbahners in einem Dorf an der Gotthardroute im Kanton Uri, zog es ihn schon als kleinen Jungen an den nahen Vierwaldstätter See. Von einem Berghang aus sah er den Segelbooten zu und träumte davon, einmal selbst ein Schiff zu lenken.

Seine Eltern meinten: „Du spinnst ja, Kapitän zu werden als Schweizer". Kurz vor seinem Tod erzählt er das, am Lago natürlich. Bei dem Gespräch hält er sich die Hand vor Augen, weil das blanke Silber, mit dem die Nachmittagssonne den See überzieht, ihn blendet. Mit 21 verließ Kaufmann die Schweiz und ging nach Genua, wo er sich als Schiffsjunge anheuern ließ. Er kreuzte durchs Mittelmeer, doch der Zweite Weltkrieg zwang ihn zurück in die Schweiz. Nie, so dachte er damals, würde er Ersatz für das Meer finden. Und kam dann doch an das Wasser, das sein Zuhause werden sollte: den Lago Maggiore.

Kaufmann war ein Pionier, er eröffnete in Ascona die erste Segelschule. Das Schweizer Ersatzmeer wurde zu seinem Lieblingsgewässer. Trotz der auch in der Schweiz schwierigen Kriegsjahre hatte er mit der Schule Erfolg. Seine ersten Kunden waren vor allem Deutschschweizer, später kamen auch viele Deutsche und Holländer.

Kaufmann konnte Geschichten erzählen, sprach davon, wie die Einheimischen am See ihn anfangs nicht ernst nahmen. „Was willst du?", sagten sie damals, „es gibt doch hier gar keinen oder viel zu viel Wind". Dabei ist der immer wiederkehrende Inverna einer der besten Winde zum Segeln –

Belcanto mit Forelle und Felchen: Der Fischer Ottavio Palmieri ist ausgebildeter Opernsänger

Arrivederci, es bleibt Sehnsucht

Ur-See: Gewaltige Gletscher formten in der Eiszeit das Becken des Lago Maggiore

Von der Elbe an den Lago: Der jüdische Kaufhausmagnat Max Emden ließ sich die neoklassizistische Villa auf San Pancrazio bauen und siedelte 1933 aus Hamburg ganz hierher

ein treuer Freund der Tessiner, der nachmittags von Süden über das Wasser streicht.

Als sich der Lago in ein Jetset-Ziel und Ferienbad verwandelte, in den wilden fünfziger und sechziger Jahren, war Kaufmann nicht dabei: Er lebte an der Côte d'Azur, die Segelschule in Ascona führte ein Bekannter weiter. Als er nach vielen Jahren vom Heimweh getrieben zurückkam, war er überrascht von all den Yachten auf dem See. Heute liegen mehr als 3000 Segel- und Motorboote in den Schweizer Häfen am Lago. Manche klagen, das Limit sei längst erreicht.

Die ursprüngliche Exotik des Lago, von der die Reisenden im 19. Jahrhundert schwärmten, kann man heute am besten noch auf den Brissago-Inseln nahe der italienischen Grenze spüren. Von den Bergen ringsum betrachtet, sehen sie ein wenig aus wie zwei aus der Südsee gestohlene Koralleninseln: Türkis leuchtet der Wasserstreifen am Ufer, trennt das satte Grün der Baumkronen vom Dunkelblau des tieferen Sees. Der Duft und die Farben tropischer Blüten erfüllen die Hauptinsel San Pancrazio, Brisen aus Orange und Lavendel streichen durch Palmwedel und Bambusdickicht.

Die Baronesse Antoinette de Saint-Léger wandelte vor mehr als 120 Jahren die Insel in einen botanischen Garten um. Die Kosmopolitin aus St. Petersburg verstand es, Musiker, Maler und Literaten in ihr kleines Paradies zu locken – James Joyce, Harry Graf Kessler und Rainer Maria Rilke waren ihre Gäste. Die Insel wurde zu einem Ort der Poesie und des Geistes.

„Die chilenische Honigpalme da drüben hat die Baronesse wohl selbst gepflanzt", erzählt Mattia Boggia, 33. Der Chefgärtner der beiden Inseln ist ein zurückhaltender Tessiner, der nicht gerne viele Worte macht. Er kümmert sich um die 1600 Pflanzenarten von allen Kontinenten, die hier wachsen. Am liebsten legt er in Ruhe ein Beet an oder pflanzt Setzlinge, doch wenn man ihn fragt, erklärt er Gästen jede einzelne Kreatur seines Gartenreichs.

„Die Baronesse hatte einen Sinn für das Außergewöhnliche", sagt er und zählt auf: Baumfarne aus Australien, Agaven aus Mexiko, Paradiesvogelblumen aus Südafrika – auf den Brissago-Inseln wachsen sie wie selbstverständlich nebeneinander. Das ganzjährig milde Seeklima und die Lage am tiefsten Punkt der Schweiz machen es möglich. „Diese hier ist ein kleines Wunder", sagt Boggia und deutet auf eine zarte rosa Blüte in einem Teich. „Die Lotosblumen überstehen sogar Temperaturen unter Null."

Doch mehr als ein, zwei Tage friert der Teich nicht mehr zu. „Man kann den Klimawandel hier im Kleinen beobachten. Statt langer Kälteperioden kommt es nun öfter zu starkem Regen und Stürmen." Gefährlich für die Pflanzen sei weniger die Kälte als die steigende Zahl an Krankheiten – auch die Erreger bevorzugen mildes Klima.

Von der klotzigen neoklassizistischen Inselvilla mit ihren weiten Terrassenflügeln führt Boggias Rundgang hinüber zum neorömischen Bad. Eine Bronzegöttin wacht über das schlichte Schwimmbecken mit den angrenzenden Kräuterrabatten. Der Hamburger Warenhausmillionär Max Emden ließ es Ende der zwanziger Jahre anlegen. Zuvor hatte er der schwer verschuldeten Baronesse die Inseln abgekauft. Sie konnte sich ihren extravaganten Lebensstil nicht mehr leisten.

„Emden hatte ebenfalls eine große Leidenschaft für Pflanzen", sagt Boggia, während er an einem Thymianbusch zupft, „mehr aber noch für schöne Frauen." Rund um den Lago Maggiore erzählt man sich noch heute, der Mann aus dem Norden habe sich die hübschesten Mädchen des Tessins auf die Insel geholt und hier ausschweifende Orgien gefeiert. In dem römischen Bad sollen sich des öfteren nackte Grazien um Emden getummelt haben.

Nach Emdens Tod kaufte der Kanton 1949 die Inseln und öffnete San Pancrazio für Touristen. Die Zeiten der Exzentriker und Ekstasen sind längst vorbei. Von Süden her streicht ein frischer Windzug durch die Palmenzweige. Wenn der Inverna sich in den Wipfeln meldet und Blütenblätter über die Inselpromenade von San Pancrazio weht, ist es bald Feierabend für die vier Gärtner. „Auch nach Jahren wird die Arbeit hier nie langweilig. Jeden Tag gibt es Neues zu entdecken", sagt Boggia, als er kurz darauf in einem kleinen Motorboot zum Festland aufbricht. Einen anderen Job könne er sich kaum noch vorstellen. „Wer kann schon sagen: ‚Ich fahre jeden Tag auf eine Insel im Lago Maggiore'? Und wer hat als Arbeitsplatz ein kleines Paradies?" □

Der alte Mann und der See: Segler Willy Kaufmann, 94, starb nur kurz vor Erscheinen dieser Ausgabe

MERIAN | TIPP

Die besten Badeplätze

In den Sommermonaten wird das Wasser im Lago Maggiore bis zu 27 Grad warm. Einen Platz zum Baden zu finden, ist aber nicht immer leicht, denn an vielen Stellen ist das Seeufer in Privatbesitz und der Zutritt verboten. Schöne öffentliche Badestellen gibt es hier:

Grande Lido Ascona
600 Meter langer Sandstrand und große Wasserrutschbahn. Etwas außerhalb des Ortszentrums gelegen.
Ascona, Via Lido
Tel. 09 17 91 12 73
geöffnet Mai - Sept.
Eintritt frei

Centro Sportivo Tenero
Zu den Sportanlagen (gebaut von Mario Botta) gehört ein erstklassiger Strand, an dem sich auch viele Tessiner gerne sonnen.
Tenero, Via Brere
Tel. 09 17 35 61 11
Eintritt frei

Lido Brissago
Strandbad mit Sprungturm und Wasserrutsche.
Brissago, Via Valmara 1
Tel. 09 17 93 13 46
Eintritt 4 Franken

Bagno Spiaggia Comunale Vira Gambarogno
Am ruhigeren Ostufer des Sees, im Dorf Vira Gambarogno nahe Magadino. Leider kein Sandstrand.
Eintritt frei

Ascona—Locarno.

ascona-locarno.ticino.ch

Jazz Ascona New Orleans & Classic

Seit über 25 Jahren sind das bezaubernde Ascona und die amerikanische Stadt New Orleans während zehn Tagen im Frühsommer durch einen direkten musikalischen Faden verbunden. Der "Borgo" am Lago Maggiore wird Austragungsort meisterhafter Perfomances der besten internationalen Jazzmusiker.

Info: www.ticino.ch 86106 Suchen

Eintauchen in die Natur.

Von Norden nach Süden, praktisch 12 Monate im Jahr, gibt es wunderschöne Ausflüge für Neulinge und Experten, welche die Natur hautnah erleben möchten. Das Tessin verfügt über ein 3'600 km langes Netz von gut ausgeschilderten und gepflegten Wanderwegen. Lassen Sie sich von den atemberaubenden Landschaften und der unberührten Natur inspirieren.

Info: www.ticino.ch 96258 Suchen

TICINO SWITZERLAND

Internationales Filmfestival Locarno

Seit mehr als 60 Jahren rückt das Filmfestival die Stadt Locarno anfangs August in den Mittelpunkt des Kinogeschehens. Dank seiner Bedeutung als eines der wichtigsten Kinoereignisse der Welt wird die Stadt während elf Tagen zum Treffpunkt für Spezialisten, Cineasten oder einfach Filmfreunde.

Info: www.ticino.ch 15629 Suchen

Im ewigen Kunstlicht: In der Tunnelbaustelle wird 24 Stunden am Tag gearbeitet (r.). Die Mineure wohnen in einem Containerdorf unterhalb der Gotthard-Autobahn (u.)

Sie stecken tief unter den Alpen, schieben sich jeden Tag bis zu 40 Meter durch den Fels: Mit gewaltigen Bohrmaschinen bauen über 2000 Arbeiter am Gotthard den längsten Tunnel der Welt. Ein Jahrhundert-Projekt

TEXT: ANDREAS LESTI, FOTOS: JÖRG MODROW

Der Durch

bruch

Wie die Füße eines riesigen Insekts: Die hydraulischen Andruckpressen der Tunnelbohrmaschine drücken sich gegen den Fels – und stabilisieren so den gigantischen Apparat, während sich vorne der Bohrkopf ins Gestein schiebt

Hoher Verschleiß: Der Tunnelbohrer muss ständig repariert werden – hier tauscht ein Mineur ein Teil eines Ankerbohrgeräts aus

Eine Stunde lang rumpelt der Zug in den Berg hinein. Gut 200 Männer sitzen in den engen Abteilen. Einige von ihnen haben sich Löcher ins T-Shirt geschnitten, um die Hitze besser aushalten zu können. 28 Grad ist es warm, die Luft feucht wie im Regenwald – hier mitten im Gebirge, tief unter den Alpen. Dann hält der Zug mit einem Ruck, die Arbeiter springen hinaus, einige laufen ein Stück nach vorn, wo man ein immer lauter werdendes Kreischen und Quietschen hört. Metall ächzt. Fels bricht. Sirenen heulen auf und verhallen. Etwas Monströses schimmert auf – grau, braun und schwarz im Halbdunkeln.

Fast könnte man glauben, man stehe vor einem gewaltigen Motor, der in der Mitte der Erde steckt und unseren Planeten antreibt: Stahlachsen rotieren, es zischt aus Schläuchen, dazu surren Förderbänder, über die milchiges Kühlwasser schwappt. Gut 400 Meter ist diese Tunnelbohrmaschine lang und wiegt 3000 Tonnen – so viel wie eine Herde von 600 Elefanten. Und wenn sie auch nicht den ganzen Planeten bewegt, so bewegt sie doch gewaltige Massen Gestein aus dem Gotthardmassiv heraus. Gräbt sich Tag für Tag bis zu 40 Meter durch den Berg, um ihren Auftrag zu erledigen: mitzubohren am längsten Tunnel der Welt.

Diese Baustelle in der Nähe des Tessiner Örtchens Faido ist ein infernalisches Spektakel. Wie war das in Dantes „Göttlicher Komödie“? Eine Reise direkt durch die Hölle, zum Läuterungsberg, und dann ins Paradies? Man könnte sagen, der Bau des neuen Gotthard-Basistunnels ist ihre moderne Übersetzung.

Läuft in der Hölle alles nach Plan, ist der erste Schritt zum Paradies irgendwann im Jahr 2011 getan. Dann soll von der Tessiner Seite aus die Tunnelbohrmaschine mit lautem Krachen, Splittern und Stauben die letzten Granitbrocken durchstoßen und auf die Nordröhre treffen – und den Durchbruch unter die Alpen vollenden. Danach wird es nach den aktuellen Prognosen noch einmal sechs Jahre dauern, bis der Tunnel für den Zugverkehr ausgebaut ist.

1999 hatte dieses gigantische Bauprojekt mit einer ersten Sprengung an der Nordseite begonnen. Um es in knapp 20 Jahren realisieren zu können, fingen die Tunnelbauer nicht nur von den Portalen im Süden (Bodio im Tessin) und Norden (Erstfeld im Kanton Uri) aus an zu arbeiten. Zusätzlich starteten sie drei „Zwischenangriffe“, wie es in kriegerischer Sprache heißt: Bei den Orten Amsteg, Sedrun und Faido gruben sie eigene Zugangsstollen in den Gotthard, um so von insgesamt fünf Stellen und mit mehreren Tunnelbohrmaschinen den Berg zu durchlöchern (siehe Grafik S. 100).

Das größte noch zu bewältigende Stück liegt nun zwischen Faido und Sedrun, und erfahrungsgemäß werden sich auch hier die Röhren mit der gleichen Präzision treffen, wie sie sich im September 2006 zwischen Bodio und Faido getroffen haben. „Auf 13,5 Kilometer hatten wir so viel Abweichung“, schreit Thomas Eppler, Geologe und Ingenieur, in den Baustellenlärm und zeigt mit Daumen und Zeigefinger einen etwa fünf Zentimeter langen Abstand. Eppler ist ein nüchterner Mann, ein Technikertyp mit dem Talent, komplizierte Vorgänge für Laien verständlich zu erklären.

Seit die Tunnelbauer im September 2008 die so genannte Piora-Mulde durchbohrt und damit das, wie Eppler betont, „größte geologische Risiko des ganzen Projekts“ überwunden haben, ist man in Faido sehr zuversichtlich. In der Mulde befinden sich loses, sandiges Gestein und Wasser, und die Geologen wussten zunächst nicht, wie tief dieses Gemisch reicht und ob es in den Tunnel einbrechen und den ganze Berg in Bewegung bringen würde.

Die Piora-Mulde war der Läuterungsberg bei diesem Bauprojekt. Und auch das Paradies hat bei den Tunnelbauern einen Namen, oder besser, eine Zeit: 2 Stunden 40 Minuten. So lange sollen die Züge ab dem Jahr 2017 für die Strecke Zürich–Mailand benötigen, wenn sie durch den neuen Bau und seine Ergänzungen im Süden und im Norden – den Ceneri- und den Zimmerberg-Basistunnel – rauschen. Noch brauchen sie dafür etwa vier Stunden – beim Weg durch den alten Gotthardtunnel aus dem 19. Jahrhundert, der gut 500 Me-

Maschinen-Check: Der Tunnelbohrer wird jeden Tag gewartet. Ein Arbeiter überprüft einen der Elektromotoren am fast zehn Meter hohen Bohrkopf

Mit Tempo 250 in den Süden: Bei Bodio werden Züge ab 2017 ins Tessin rauschen. Das riskanteste Stück, sagt Ingenieur Thomas Eppler (re.), ist schon geschafft

ter höher liegt und nur durch mehrere schleifenförmige Kehrtunnel zu erreichen ist.

Die Baustelle verschwindet langsam im Rückspiegel des verbeulten Nissan Patrol, den Thomas Eppler aus der Unterwelt heraus Richtung Tageslicht steuert. Über die fast drei Kilometer lange und 13 Prozent steile Zufahrtsröhre quält sich der Wagen im zweiten Gang nach Faido. „Sie müssen sich vorstellen", sagt Eppler, „die Alpen sind hier rund 160 Kilometer breit, und der Tunnel wird 57 Kilometer lang. Wir untertunneln also ein Drittel der Alpen." Bei diesen Zahlen wirkt es fast nebensächlich, dass der Gotthard- den Seikan-Tunnel in Japan, den bislang längsten der Welt, am Ende um gut drei Kilometer übertrumpfen wird. Eppler fährt den Wagen unter den riesigen Belüftungsröhren am Tunnelausgang ins Freie und stellt ihn kurz darauf auf dem Parkplatz der Baustellensiedlung ab.

650 Arbeiter müssen auch irgendwo leben, und so ist am Nordrand des 2000-Einwohner-Orts Faido dieses Dorf im Dorf entstanden: mit 400 Wohncontainern, die sich zwei oder drei Etagen hoch übereinanderstapeln, mit eigener Bushaltestelle, einer Bar, einer Kantine mit dem Charme einer Schulturnhalle und der „Stanglwirt". Das ist eine kleine Hütte mit Grillplatz, die österreichische Mineure nach dem Luxushotel bei Kitzbühel benannt haben. Freizeitgestaltung ist hier eine Mischung aus Sehnsucht und Ironie.

Dreimal am Tag ist Schichtwechsel im Containerdorf – um 6, 14 und 22 Uhr – und das bedeutet, dass sich kurz zuvor oben an der Kantine, wo die Busse in den Tunnel abfahren, immer wieder ähnliche Szenen ereignen.

21.30 Uhr: Ein gelber Bus fährt ein, verdreckte Arbeiter steigen aus, staubige Hände wischen über verschwitzte Gesichter, müde Augen starren ins Leere und treffen kurz die Blicke der Arbeiter der neuen Schicht, die in den Bus einsteigen. An den Overalls baumeln Helme, Schraubenschlüssel und Funkgeräte, und genau wie ihre erschöpften Kollegen acht Stunden zuvor fahren nun sie in die Tiefe, steigen unten auf die Stollenbahn um und werden nach acht Stunden wieder herauskommen und mit müden Augen kurz die Blicke der nachfolgenden Schicht streifen – eine Tunnelbau-Endlosschleife.

Daniel Schachel ist einer der Arbeiter, ein junger, bärtiger Mann aus Leipzig. Bei der letzten Zigarette vor Schichtbeginn erzählt er, dass er immer neun Tage hier arbeite und sich dann fünf Tage in der Heimat erhole. „Eigentlich ein guter Rhythmus", sagt er hastig, drückt seine halb gerauchte Zigarette aus und verschwindet im Bus. Je knapp ein Drittel der Arbeiter sind Deutsche, Österreicher und Italiener, dazu kommen ein paar Portugiesen, Franzosen und Osteuropäer. An der Bar in der Kantine, dem zentralen Treff im Containerdorf, herrscht oft ein beeindruckendes Sprachgewirr: Alles vermengt sich zu einem „Ancora-una-birra-si-si-ja-ich-geh'-schon-bene-grazie-salute-Prost!", wenn morgens an einem Tisch Deutsche und Italiener beim Dosenbier sitzen, weil ihre Schicht gerade zu Ende gegangen ist und sie noch zu überdreht sind, um schlafen zu können. Oder wenn abends am selben Tisch Österreicher und Portugiesen doppelte Espressi in sich hineinstürzen, weil der Bus wartet und ihr Arbeitstag gleich beginnt. Die Zeitlosigkeit, die im ewigen Kunstlicht des Tunnel herrscht, strahlt auch auf die Oberwelt aus.

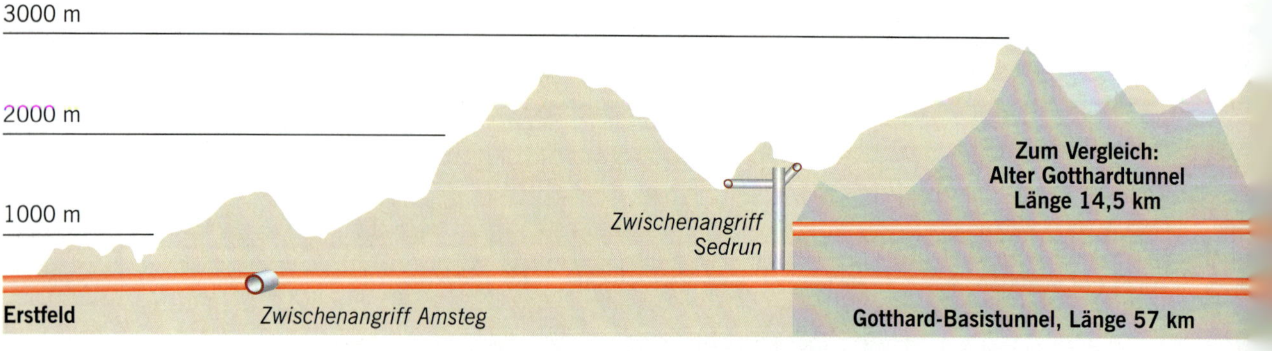

Dynamit in die Wand: Ein Bohrwagen gräbt kleine Löcher in den Fels – beim Bau von Querstollen wird statt des großen Tunnelbohrers Sprengstoff eingesetzt. Rechts: Die Nachmittagsschicht verlässt die Umkleideräume im Baustellendorf

Während das Containerdorf am nächsten Morgen pünktlich zum Schichtwechsel erwacht, die Arbeiter aus dem Tunnel kommen und ein paar Dosen Bier öffnen, scheint das restliche Faido weiterzuschlafen. Fensterläden sind verschlossen, Häuser zu verkaufen, Menschen kaum zu sehen.

Faido ist, wie viele seiner Nachbarn im Leventinatal, ein sterbender Ort. In der kargen Bergwelt ist das Leben ohnehin schwer, zudem gibt es kaum Industrie, und die meisten Touristen fahren weiter zum Lago Maggiore. Vor zehn Jahren hatten noch viele gehofft, vom Containerdorf zu profitieren, doch es hat sich nicht in den Ort integriert. Die meisten Arbeiter essen und trinken in der Siedlung – Gastronomie und Einzelhandel Faidos haben wenig davon. Schnell wurde das Baustellendorf zu einem von der Welt isolierten Ort. Wie eine Bohrinsel im Atlantik. Mitten im Tessin.

Eine der wenigen Ausnahmen ist der Lebensmittelladen von Giovanni Roggenbach, der direkt gegenüber den Wohncontainern liegt. Die Arbeiter kaufen hier regelmäßig Bier, Brot, Chips und Zigaretten und plaudern mit Giovanni, einem fröhlichen Luzerner mit grauem Bart und lauter Stimme. Seit 30 Jahren lebt Giovanni in Faido und kann die Stimmung gut einschätzen. Was mit dem Ort passieren wird? „Untergang! Seit ich hier bin, ziehen die Menschen weg. Und das kann man nicht aufhalten.“ Giovanni steht hinter der Kasse, schüttelt den Kopf und verschränkt die Arme. „Ich habe aufgehört, vorauszuplanen. Ich lebe für den Tag.“

Faido ist in diesen Zeiten ein Ort der Gegensätze. Auf der einen Straßenseite lebt man für den Tag und wagt nicht an morgen zu denken. Und auf der anderen sprechen sie voller Zuversicht vom Jahr 2017.

Die prachtvolle Luftkurort-Vergangenheit Faidos ist heute so weit weg wie das „Hotel Milano“ am Bahnhof vom Fünf-Sterne-Niveau. Das Haus ist nicht mehr als ein graues Relikt. Und auch die Villen daneben lassen das glanzvolle Jahr 1882 nur noch erahnen. Damals eröffnete der erste Gotthardtunnel – und brachte den Ort zum Leuchten: Faido war die erste Tessiner Gemeinde mit elektrischem Strom.

Die Ironie der Geschichte will es wohl, dass heute die Geschicke Faidos wieder in der alten Gotthardbahn liegen könnten. Denn wenn der Tunnel fertig ist und die Züge nicht mehr am Bahnhof im Ort halten, sondern mit Tempo 250 unter ihm hindurchrauschen werden, lautet die große Frage für Faido und andere Orte in der Leventina: Was passiert mit der alten Strecke? Mit ihren Tunneln und Brückenbögen gilt sie noch immer als technisches Meisterwerk. Die Schweizerischen Bundesbahnen denken darüber nach, sie als Touristenattraktion weiter zu betreiben. Aber lohnt sich das wirtschaftlich?

Hoffnung flackerte bei den Einwohnern von Faido und Airolo auf, als die Regierungen der beiden Kantone Tessin und Uri vor drei Jahren den Plan aufbrachten, sich mit der Strecke als Unesco-Welterbe zu bewerben. Doch seitdem ist es wieder still geworden um die Zukunft der alten Bahn und das kleine Faido. Ein paar hundert Meter tiefer jedoch, kracht, ächzt und knallt es, weil sich eine riesige Tunnelbohrmaschine weiter nach Norden gräbt – dem großen Durchbruch entgegen. □

MERIAN | TIPP

Gut 40 000 Besucher kommen jährlich in das Infozentrum in **Pollegio** (bei Biasca), wo eine große Ausstellung über den Tunnelbau informiert. Hier beginnen auch Touren zur Besichtigung der unterirdischen Baustelle, die allerdings oft ausgebucht sind. Anmeldung unter **Tel. 091 873 05 51** oder **www.infocentro.ch** Überblick über den Stand der Arbeiten unter **www.alptransit.ch**

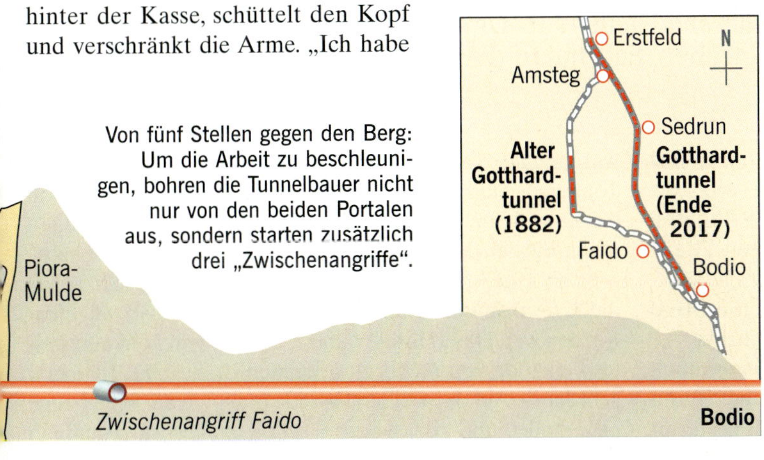

Von fünf Stellen gegen den Berg: Um die Arbeit zu beschleunigen, bohren die Tunnelbauer nicht nur von den beiden Portalen aus, sondern starten zusätzlich drei „Zwischenangriffe“.

1900 | Eine elektrische Straßenbahn fährt auf Höhe des Rathauses über die Promenade am Luganer See. Sie ist ein Symbol der neuen Zeit – anders als die Kutschen, die bald im Stadtverkehr nicht mehr auftauchen werden

Endstation Paradiso

Vor hundert Jahren war die Tram in Lugano eine technische Sensation, fuhr entlang an den neuen Hotelpalästen der boomenden Kleinstadt. Um den Autos Platz zu machen, wurde sie 1959 abgeschafft, viele wünschen sich heute die alte Bahn zurück

TEXT: GERHARD LOB

An der Promenade von Lugano kollabiert heute fast täglich der Verkehr. Stockend schieben sich die Autos voran, Fußgänger hasten zwischen Abgasen hindurch – das Foto um 1900 mit der fast leeren Straße könnte man daher für ein Idyll halten. Doch für die Menschen damals war die kleine Straßenbahn unten im Bild Symbol einer neuen Zeit und Inbegriff des Fortschritts.

Am 1. Juni 1896 fuhr die elektrische Tram erstmals durch die Tessiner Kleinstadt – nur 15 Jahre nachdem bei Berlin die erste stromgetriebene Straßenbahn der Welt gestartet war. Lugano war zu dieser Zeit eine Boomtown des frühen Tourismus, riesige Hotelpaläste wurden gebaut – und wer in die neue Tram einstieg, konnte viele der Veränderungen sehen, die der Ort seit Mitte des 19. Jahrhunderts erlebt hatte.

Nach dem Start im Vorort Cassarate führte die Fahrt über die Uferpromenade, die erst einige Jahre zuvor angelegt worden war. Das „Hotel Walter", das auf dem Foto als zweites Gebäude von rechts zu erkennen ist, bestand 1896 erst acht Jahre. Auf der weißen Fassade prangten die Schriftzüge „Bierhalle" und „Brasserie" – schon damals warb man um

2009 Die Uferstraße ist ausnahmsweise staufrei. Bäume und Häuser sind gewachsen, die Kirche Santa Maria degli Angioli ist von Nachbarbauten verdeckt, die Schneise für die Seilbahn auf den Monte San Salvatore nicht mehr zu sehen

Touristen gern in ihrer Muttersprache. Das Hotel existiert noch, das alte Haupthaus ist mittlerweile aber abgerissen, Gäste wohnen nun im gelben Nachbarhaus, der ehemaligen Dependance. Statt einst 240 Betten gibt es nur noch 66. „Früher blieben Gäste mehrere Wochen, heute meist nur zwei Nächte", so Aldo Cereda, ein Enkel des Gründers.

Die Tramlinie führte weiter vorbei an der Kirche Santa Maria degli Angioli, zu erkennen an Turm und Dreiecksgiebel. Links daneben das „Hotel du Parc" (später „Grand-Hotel Palace"), in dem unter anderem die österreichische Kaiserin Sisi übernachtete. Nach jahrzehntelangem Verfall und einem Brand in den 1990er Jahren blieb von dem Haus nur noch die Fassade übrig. Zurzeit ist sie von einer riesigen Reklametafel verdeckt, dahinter liegt die größte Baustelle Luganos: Bis 2013 soll zwischen den alten Mauern ein Kulturzentrum entstehen.

Die gut drei Kilometer lange Fahrt endete im Nachbarort Paradiso. Dort konnten die Passagiere auf eine weitere technische Neuerung umsteigen: die Standseilbahn, die zum gut 900 Meter hohen Monte San Salvatore hinaufführt. Diese *funicolare* war seit 1890 in Betrieb. Über die fast 1,7 Kilometer lange Strecke fuhren vor allem Touristen zum Gipfel, auf dem einer Legende nach Christus während seiner Himmelfahrt einen Zwischenstopp machte. Auf dem Bild von 1900 ist die Gleisschneise gut zu sehen – der Berg war damals fast baumlos, die Menschen betrieben Ackerbau an den steilen Hängen. Erst als man diese aufwendige Landwirtschaft aufgab, wuchs Wald nach.

Die *funicolare* fährt noch heute, die Tram aber ist verschwunden. In den fünfziger Jahren ließ die Stadtverwaltung das auf gut sieben Kilometer gewachsene Schienennetz Stück für Stück abbauen, um mehr Platz für Autos zu schaffen. Zuletzt schloss am 16. Dezember 1959 die Strecke entlang der Promenade.

Inzwischen trauert man der Elektrischen nach. Lokalpolitiker fordern nun ihre Wiedereinführung. Doch selbst wenn sie Erfolg haben – anders als beim Bau der ersten Tram ist man in Lugano diesmal hinter der Zeit zurück: In anderen europäischen Städten hat die Renaissance der Straßenbahn schon vor gut 20 Jahren begonnen. □

Ein Herz aus Stein

Fragt man Tessiner, welche ihrer Städte die schönste sei, dann sagen sie: Bellinzona. Drei weltberühmte Burgen prägen die gemütliche Hauptstadt, die einst hart umkämpfte Festung war. Und noch immer muss jeder an ihr vorbei: Der Weg über die Alpen führt durch Bellinzona

TEXT: ELKE MICHEL, FOTOS: PETER HIRTH

Herrscher über Burg und Stadt: Karnevalskönig Dante Pesciallo verkauft im Hauptberuf Urnen und Grabsteine (links). Der Festumzug führt durch die Altstadt, in der sonst samstags der große Wochenmarkt aufgebaut ist (oben)

Ein grüner Teppich auf dem Catwalk für Burgfräulein

Gras wächst über den Ort alter Fehden: Die Mailänder Herzöge bauten Bellinzona zur Festung aus. Heute ziehen sich Weinstöcke über den einst stark umkämpften Boden – hier die Wehrmauer und das Castelgrande

Zwischen Provinz und großer Welt: Das Teatro Sociale ist der Mailänder Scala nachempfunden. Und die mittelalterlichen Kastelle der Stadt (r.) gehören seit 2 000 zum Unesco-Welterbe

Am Fuß eines Felsbergs klafft duster ein quadratisches Tor aus Beton. Der Gang dahinter wird immer dunkler und niedriger, so dass Besucher unwillkürlich ihre Stimmen senken. Dann öffnet er sich zu einer Betonkuppel, aus der zwei Aufzüge gut 50 Meter hinauffahren – und wenn man hinaustritt, ist man da: im Castelgrande, dem Herz Bellinzonas. Unten trippeln Menschen ihre Alltagspfade entlang, Autos hetzen und hupen, während die Burg über allem thront wie eine weise Greisin.

Eine Alte, die einige Verjüngungskuren hinter sich hat. In den achtziger Jahren ließ der Tessiner Architekt Aurelio Galfetti nicht nur das Eingangstor und die Aufzüge bauen. Sondern setzte oben auf dem Felsen neben die alten Mauern monumentale Fassaden aus Sichtbeton, hinter denen nun zwei Museen, Konferenzsäle und ein Restaurant liegen. Die Burghöfe verwandelte er in Stadtparks mit golfplatzkurzem Rasen, so dass man heute das Gefühl hat, mit dem Lift aus der linearen Zeit herauszufahren, zu einem Ort, an dem Vergangenheit und Gegenwart gleichzeitig existieren.

Verstärkt wird dieser Eindruck durch die Menschen: Auf einer Mauer sitzen drei Jungs mit einem Sixpack, wie betrunkene Söldner. Etwas weiter sonnen sich zwei Gothic-Girlies in schwarzen Rüschenkleidern – gepiercte Burgfräuleins. Es ist, als rängen hier oben zwei Kräfte um die Tessiner Hauptstadt: das Gestern und das Heute.

Für Bellinzona ist solch ein Kräftemessen nicht neu: Immer wieder wollten Völker beiderseits der Alpen über die Stadt und vor allem den Castelgrande-Felsen herrschen, der sich wie ein Riegel in das schmale Tal schiebt. Von hier lassen sich mehrere wichtige Passstraßen kontrollieren, die sich bei Bellinzona bündeln. Egal ob Gotthard, San Bernardino, Lukmanier- oder Nufenenpass – wer über die Alpen wollte, musste schon immer hier durch.

Ligurer und Kelten lassen sich früh auf dem Felsen nieder, später kommen die Römer und legen Kastelle an. Dann herrschen die Ostgoten, die Langobarden, die Bischöfe von Como und die Herzöge von Mailand. Vor allem die Mailänder bauen die Stadt zur Festung aus, sichern sie mit insgesamt drei Burgen und errichten eine Sperrmauer, die sich quer durchs Tal zieht. Kein Wunder, dass der Norden immer wieder versucht, die Stadt in seinen Besitz zu bringen – und dabei scheitert.

Um 1500 gelingt es den Urkantonen Uri, Schwyz und Unterwalden dann doch. 300 Jahre lang herrschen Innerschweizer Landvögte nicht nur von Bellinzona aus wie Kolonialherren über das Land. Erst der Einmarsch von Napoleons Truppen beendet ihr Regiment. Als Napoleon dann 1803 die gesamte Schweiz neu ordnet und ihr eine Verfassung gibt, wird Bellinzona Hauptstadt des selbstständigen Kantons Tessin (zunächst immer nur für sechs Jahre im Wechsel mit Lugano

Die Bastion der Vögte strahlt in goldenem Licht

Mittelalterliches Fertighaus: Castello di Sasso Corbaro wurde in nur drei Jahren erbaut

und Locarno, später allein). Seitdem leben Norden und Süden hier in Frieden miteinander.

Dennoch glaubt man auch heute manchmal, in der Stadt konkurrierende Einflüsse zu spüren – nicht nur auf dem Castelgrande. Ihr Ringen ist friedlicher als einst, gleicht eher einem verschlungenen Tanz um Macht. Spürbar ist dies nur für den, der bereit ist, sich auf Bellinzona einzulassen. Viele Touristen rauschen auf dem Weg nach Ascona oder Lugano eilig vorbei – als ahnten sie, dass man hier früher ständig aufgehalten wurde.

„Anhalten! Aussteigen!", möchte man ihnen zurufen: „Wenigstens für einen Tag." Das reicht für zwei Touren, um das Wichtigste zu sehen. Die erste führt durch die Altstadt: Kopfsteinpflastergassen schlängeln sich zwischen pastellfarbenen Häusern, führen von einer kleinen Piazza zur nächsten: Zunächst die Piazza del Sole, auf der Jungs mit Skateboards das Coolsein trainieren. Dann die Piazza Collegiata, auf der sonnenbebrillte Menschen an Cafétischen sitzen, überragt von der prächtigen Kirche Santi Pietro e Stefano. Die Piazza Nosetto, ein dreieckiger Platz, umringt von Häusern mit Laubengängen. Und schließlich die Piazza Indipendenza mit ihrem Obelisken, in den „1803" eingemeißelt ist, das Jahr der Tessiner Unabhängigkeit.

Wer an einem Samstag kommt, kann über den großen Markt bummeln, der sich von der Piazza Nosetto aus durch die Gassen zieht. Verkäufer sonnen sich im Morgenlicht, Kunden probieren Käsewürfel, ständig hört man ein fröhliches „Ciao!". An den Ständen liegt knuspriges Tessiner Brot aus und „Panettone Ticinese", ein Hefekuchen. Es gibt Früchte, Kastanien und *luganighe,* die herzhaften Tessiner Würstchen. Und immer wieder Pasta, in so vielen Varianten, dass man einem Kind daran Farben und Formen erklären könnte: grün, gelb oder orange, als Quadrat, Dreieck oder in Kugelform.

Noch trubeliger als am Markttag ist die Altstadt nur an Fasnacht, die hier „Rabadan" heißt, was im Piemonteser Dialekt „Lärm" bedeutet. 150 000 Menschen feiern dann auf den Straßen, damit hat Bellinzona nach Basel den größten Karneval der Schweiz. Anführer des Riesenradaus ist Dante Pesciallo, der von der örtlichen Karnevalsgesellschaft zum König gewählt wurde. Trifft man ihn außerhalb der Saison in einem Café, ist man fast enttäuscht: Pesciallo ist ein eher unauffälliger Mann mit Hemd, Brille und Oberlippenbart. „Doch an Fasching trage ich eine rote Robe und eine Krone", sagt er, „und laufe jeden Tag bei einem anderen Umzug mit."

Im Alltag wirkt Pesciallo sehr seriös, das liegt auch daran, dass er sich hauptberuflich mit dem Tod beschäftigt: Er führt eine Firma, die Grabsteine herstellt und Urnen verkauft. Und das irritiere hier niemanden: „Wenn auf dem Friedhof etwas zu tun ist, sagen die Leute: Ruf den

Sanfte Blüten, karge Gipfel: Um die Innenstadt herum finden sich alte Villen mit weitläufigen Gärten. Rechts der Blick von der Montebello-Burg auf die Berge

Auf der Zinne wachen statt stolzer Ritter heute die Raben

Karnevalsskönig an!" Das ganze Jahr über sehe er Menschen weinen, eine Woche lang bringe er sie zum Lachen. „Was soll daran seltsam sein?"

Das Bellinzona, das man bei der Altstadt-Tour kennen lernt, ist ein 18000-Einwohner-Ort mit Provinzcharme. Ein Städtchen zum Bummeln. Eine Dorfschönheit, die kräftig feiern kann.

Der zweite Rundgang führt zu den drei Kastellen. Die Stadt zeigt nun ein anderes Gesicht – und man begreift, wie unterschiedlich Burgen sein können. Da ist das Castelgrande mit seinen wuchtigen modernen Elementen und einem Teil der Wehrmauer, die einst das Tal versperrte: ein mehrere hundert Meter langer, grasbewachsener Catwalk, auf dem man heute wunderbar flanieren kann.

Das Castello di Montebello dagegen ist niedlich, falls eine Burg das sein kann: ein Kastellchen mit Brunnen, Zugbrücken und Efeu am Gemäuer – ein Ort, an dem man herumspuken möchte, sollte man mal ein Geist sein! Das Castello di Sasso Corbaro wurde in nur drei Jahren erbaut, und so wirkt es auch: viereckig und schnörkellos steht es weiter oben an der östlichen Talseite. Ein mittelalterliches Fertighaus, von dem aus man bis zum Lago Maggiore blicken kann.

Die drei Burgen bilden eine im Alpenraum einmalige Festungsanlage – und gehören deshalb seit dem Jahr 2000 zum Unesco-Welterbe. Seitdem ist Bellinzona eine Provinzhauptstadt mit Weltbedeutung.

Bellinzona hat es gelernt, verschiedene Strömungen zu vereinen – diese Vielfalt ist es, die die Stadt lebendig macht. Das zeigt sich hier an vielen Orten: Wenn man nach Renaissancebauten wie die Kirche Santi Pietro e Stefano neue Architektur besichtigt, wie das Swisscom Center von Mario Botta. Oder wenn man im Museo Villa dei Cedri die Werke von großen Künstlern in wechselnden Schauen bestaunt – und anschließend im Kindermuseum Erba die Kritzeleien junger Besucher, die hier spielerisch Kunst vermittelt bekommen.

Kein Wunder, dass auch die Menschen hier keine Scheu vor Gegensätzen haben. Renato Reichlin, 58, ein Mann mit grauen Locken ist Leiter des Teatro Sociale – und stolz auf das moderne, bunte Programm, das er hier anbietet: „Oft führen Truppen ein Stück erst bei uns auf, bevor sie damit nach Mailand gehen. Weil wir mutiger sind."

Fast alle Aufführungen sind auf Italienisch. Überhaupt, sagt Reichlin, fühle er sich kulturell eher als Italiener. Natürlich liebe er sein Land, die Schweiz. „Aber ich habe italienische Literatur studiert, eine Italienerin geheiratet, meine Muttersprache ist Italienisch." Er sieht sich als Schweizer per Zufall – die Geschichte hätte auch anders verlaufen können. „Nun sind wir eben eine Italienisch sprechende Minderheit in der Schweiz. Unsere verschiedenen Einflüsse und Widersprüche machen unser Potenzial aus. Sie sind unsere Identität." □

Schweizer per Zufall: Theaterleiter Renato Reichlin liebt sein Land, fühlt sich kulturell aber eher als Italiener

MERIAN | TIPP

Bellinzona – unterwegs zu Kastellen und Künstlern

Bellinzona ist seit 1878 die alleinige Hauptstadt des Tessins. Die Kantonalregierung hat ihren Sitz an der Piazza Governo. Nur ein paar Meter entfernt findet man das Teatro Sociale, einen klassizistischen Bau von 1846/47. Etwas weiter nördlich erstreckt sich der Fels mit dem gewaltigen Castelgrande aus dem 13. Jahrhundert. Zwischen ihm und der Nachbarburg Montebello liegt die Piazza Collegiata, das Zentrum der Altstadt.

Castelgrande
Monte San Michele
Tel. 091 825 81 45
www.bellinzonaturismo.ch
(mit Informationen zu allen drei Burgen)

Castello di Montebello
Salita ai Castelli
Tel. 091 825 13 42

Castello di Sasso Corbaro
Tel. 091 825 59 06
Osteria Sasso Corbaro
Tel. 091 825 55 32

Museo Villa dei Cedri
Piazza S. Biagio 9
Tel. 091 821 85 20
www.villacedri.ch

Museo in Erba
Piazza Magoria 8
Tel. 091 835 52 54
www.museoinerba.com

Wochenmarkt
Sa 8-13 Uhr in der Altstadt

Teatro Sociale
Piazza Governo 11
Kartenvorverkauf unter
Tel. 091 825 48 18
www.teatrosociale.ch

Bildnachweis

Anordnung im Layout:
l = links, r = rechts, o = oben,
u = unten, m = Mitte.

Titel: Patrick Loertscher; S. 3 lo Michael Müller, ro, rm Jörg Modrow, ru Peter Hirth; S. 4/5, 4 m, 5 ru Jörg Modrow; S. 5 lm Klaus Bossemeyer, lu Peter Hirth, lmo Helmut Wachter, lmu Peter Hirth; S. 6 lo Jörg Modrow, ro Laurom, lu Illustration B. Scheffold/Paläontologisches Museum Universität Zürich; S. 8 lo, rm Jörg Modrow, ro Donat Enz, lu dpa/picture-alliance; S. 10 lm, rm, lu Jörg Modrow; S. 12/13, 20/21 Gregor Lengler; S. 14/15 bis 25 Jörg Modrow; S. 26/27, 28 ru lu, 29, 30, 31 lu, 32 Jörg Modrow; S. 28 ro Helmut Wachter; S. 31 ru Guy Perrenoud/zvg ivoadam.ch; S. 36-43 Klaus Bossemeyer; S. 44 l Ekko von Schwichow, r Andrej Reiser/SV; S. 46 lu maxppp/picture-alliance, rm Archiv S. Fischer Verlag, ru Imagno/picture-alliance; S. 47 lm akg-images/picture-alliance, lu Andrej Reiser/Suhrkamp Verlag, rm Simone Sassen/Diogenes, ru DTV; S. 48-52 Jörg Modrow; S. 57 bpk; S. 58-64 Helmut Wachter; S. 60u Jörg Modrow; S. 66-72 Peter Hirth; S. 74/75 Massimo Pedrazzini/Fotofestival; S. 76 lo Fotofestival; S. 76 ro, rm, 78 lm, lu, 80 lo Festival internazionale del film Locarno; S. 78 r Jörg Modrow; S. 80 ro Ti-Press/F. Agosta/Fotofestival, ru Pedrazzini/Fotofestival; S. 82-91 Gregor Lengler; S. 89, 91 Winfried Schumacher; S. 94-101 Jörg Modrow; S. 102 histopics/ullstein bild; S. 103 Rémy Steinegger; S. 104-111 Peter Hirth; S. 108/109 Jörg Modrow; S. 115, 121, 134 Jonas Morgenthaler; S. 116/117, 118, 120/121, 124, 130 Jörg Modrow; S. 128 Christof Sonderegger/TicinoTurismo/Swiss Image; S. 138 Walter Schmitz (4)

Patrick Loertscher fotografierte Brusino-Arsizio am Luganer See

MERIAN

Heft 7/2009, Juli, Erstverkaufstag dieser Ausgabe ist der 25. 6. 2009
MERIAN erscheint monatlich im Jahreszeiten Verlag GmbH, Poßmoorweg 2, 22301 Hamburg
Telefon 040/27 17-0 **Anschrift der Redaktion:** Postfach 601728, 22217 Hamburg
Telefon 040/27 17-26 00, Fax 040/27 17-26 28, E-Mail: redaktion@merian.de
Leser- und Aboservice: Postfach 601220, 22212 Hamburg, Tel. 040/87 97 35 40, Fax 040/27 17-20 79
Syndication: www.jalag-syndication.de
GourmetPictureGuide: Stefanie Lüken, Telefon 040/27 17-20 02, Fax 040/27 17-20 89, www.gourmetpictureguide.de
Internet: www.merian.de

Herausgeber: Manfred Bissinger
Chefredakteur: Andreas Hallaschka
Stellvertretender Chefredakteur: Hansjörg Falz
Art Directorin: Sabine Lehmann **Chef vom Dienst:** Tibor M. Ridegh **Textchefin:** Kathrin Sander
Redakteure: Charlotte von Saurma; Roland Benn, Thorsten Kolle, Jonas Morgenthaler (freie Mitarbeit)
Schlussredaktion: Tibor M. Ridegh **Layout:** Dorothee Schweizer (stellv. Art Directorin)
Helga Damm (freie Mitarbeit), Ingrid Koltermann (Schlussgrafik) **Bildredaktion:** Katharina Oesten, Eva M. Ohms
Redakteur dieses Heftes: Oliver Fischer (freie Mitarbeit) **Bildredakteurin dieses Heftes:** Katharina Oesten
Kartographie: Peter Münch **Dokumentation:** Jasmin Wolf; freie Mitarbeit: Stefanie Plarre, Sebastian Schulin
Mitarbeit: Helmut Golinger, Julia Braune, Katharina Przybylski
Herstellung: Karin Harder **Redaktionsassistenz:** Sabine Birnbach, Katrin Eggers
Geschäftsführung: Joachim Herbst, Dr. Jan Pierre Klage, Peter Rensmann, Hermann Schmidt
Verlagsleitung Premium Magazine: Oliver Voß
Group Head Anzeigen Premium Magazine: Roberto Sprengel **Anzeigenleitung:** Sabine Rethmeier
Anzeigenstruktur: Patricia Hoffnauer **Marketing:** Kenny Machaczek, Justus Hertle, Sonja Wünkhaus
Vertrieb: PSG PREMIUM SALES GERMANY GmbH, Poßmoorweg 2-6, 22301 Hamburg
Vertriebsleitung: Jörg-Michael Westerkamp (Zeitschriftenhandel), Frank H. Häger (Buchhandel)
Verantwortlich für den redaktionellen Inhalt: Andreas Hallaschka
Verantwortlich für Anzeigen: Roberto Sprengel

Verlagsbüros Inland: Hamburg: Tel. 040/27 17-25 95, Fax 040/27 17-25 20, E-Mail: vb-hamburg@jalag.de
Hannover/Berlin: Tel. 0511/85 61 42-0, Fax 0511/85 61 42-19, E-Mail: vb-hannover@jalag.de
Düsseldorf: Tel. 0211/901 90-0, Fax 0211/901 90 -19, E-Mail: vb-duesseldorf@jalag.de
Frankfurt: Tel. 069/97 06 11-0, Fax 069/97 06 11-44, E-Mail: vb-frankfurt@jalag.de
Stuttgart: Tel. 07 11/966 66-520, Fax 07 11/966 66 -22, E-Mail: vb-stuttgart@jalag.de
München: Tel. 089/99 73 89-30, Fax 089/99 73 89-44, E-Mail: vb-muenchen@jalag.de

Repräsentanzen Ausland:
Belgien/Frankreich: Adnative sarl, Tel. +33/1/53 64 88 90/91, Fax +33/1/45 00 25 81
E-mail: paris@adnative.net <mailto:imc@international.fr>
Großbritannien: Publicitas Ltd, Tel. +44/20/7592 8300, Fax 7592 8301, E-Mail: jeremy.butchers@publicitas.com
Österreich: Publimedia Internationale Verlagsvertretungen GmbH, Tel. +431/211 5342, Fax 212 16 02
E-Mail: andrea.kuefstein@publicitas.com
Schweiz: Publicitas International AG, Tel. +41/61/275 46-09, Fax 2754730,
E-Mail: basel-international-magazines@publicitas.com
Italien: Media & Service International Srl, Tel. +39 02/48 00 61 93, Fax +39 02/48 19 32 74,
E-Mail: info@it-mediaservice.com
Spanien: Alcalá Media International Media Representations, Tel. +34/91/3269106, Fax +34/91/3269107,
E-Mail: m.vandereb@alcalamedia.com
Dänemark: über Verlagsbüro Hamburg
Niederlande: über Verlagsbüro Düsseldorf
Luxemburg: über Verlagsbüro Frankfurt

Die Premium Magazin Gruppe im Jahreszeiten Verlag

A&W Architektur&Wohnen COUNTRY DER FEINSCHMECKER WEIN Gourmet MERIAN

Gültige Anzeigenpreisliste: Nr. 40 a

Preis im Abonnement im Inland monatlich 6,79 € inklusive Zustellung frei Haus. Der Bezugspreis enthält 7% Mehrwertsteuer. Auslandspreise auf Nachfrage. Postgirokonto Hamburg 132 58 42 01 (BLZ 200 100 20)
Commerzbank AG, Hamburg, Konto-Nr. 611657800 (BLZ 200 400 00)
Führen in Lesemappen nur mit Genehmigung des Verlages. Printed in Germany

Weitere Titel im Jahreszeiten Verlag: Für Sie, petra, vital, PRINZ, A&W Architektur & Wohnen, COUNTRY, DER FEINSCHMECKER, WEINGourmet, schöner reisen, Zuhause Wohnen, selber machen
Litho: Alphabeta Druckformdienst GmbH, Hamburg. Druck und Verarbeitung: heckel GmbH, Nürnberg,
ISBN: 978-3-8342-0907-8, ISSN 0026-0029 MERIAN (USPS No. 011-458) is published monthly.
The subscription price for the USA is $ 110 per annum. K.O.P.: German Language Publications, Inc., 153 South Dean Street, Englewood NJ 07631. Periodicals postage is paid at Englewood NJ 07631, and at additional mailing offices. Postmaster: send address changes to: MERIAN, German Language Publications, Inc. 153 South Dean Street, Englewood NJ 07631.

JAHRES ZEITEN VERLAG
Ein Unternehmen der GANSKE VERLAGSGRUPPE

MERIAN

TIPPS Wenn Sie im Tessin sind, sollten Sie unbedingt einmal …

>> … über Gipfel spazieren. Zum Beispiel auf der „Traversata", einem Höhenwanderweg vom Monte Lema zum Monte Tamaro. Bequem über Seilbahnen zu erreichen.

>> … einen Abend an einem der Seen genießen. Hervorragend geht das an der Promenade von Ascona mit ihren vielen Cafés und Restaurants. Wer es ruhiger mag, läuft ein Stück nach Südosten Richtung Golfplatz.

>> … in einer romanischen Kirche still werden. Seit Jahrhunderten finden Menschen hier innere Ruhe. Das spärliche Licht fällt oft auf kunstvolle Fresken – etwa in der Kirche San Carlo auf der Alp Negrentino oberhalb von Prugiasco.

>> … die Füße in einem kalten Bergbach baden. Gut geeignet dafür sind die Flüsse Maggia und die Verzasca.

>> … Kunst anschauen. Werke von Künstlern wie Paul Klee oder Hans Arp sind im Museo Cantonale d'Arte in Lugano zu sehen. Das Museo comunale d'arte moderna in Ascona zeigt unter anderem Bilder von Marianne von Werefkin.

>> … in einem traditionellen Grotto essen gehen. Sehr zu empfehlen sind etwa Käse- und Wurstteller oder geschmortes Kaninchen mit Polenta.

>> … einen Park besuchen. Im Parco Scherrer in Morcote wandert man direkt am See durch eine exotische Pflanzenwelt. Außerdem sieht man den Nachbau eines griechischen Tempels und eines siamesischen Teehauses.

>> … ein Gebäude von Mario Botta besichtigen. Am besten gleich am Anfang der Reise: Die Autobahnraststätte von Piotta liegt kurz hinter dem Gotthardtunnel – und ist mit ihrem roten Dach nicht zu übersehen.

>> … einen guten Merlot del Ticino trinken. Weine wie der „Montagna Magica" von Daniel Huber gehören zu den besten der Schweiz.

>> … Zug fahren. Nicht auf irgendeiner Strecke – sondern auf der spektakulären Schmalspurbahn durch das Centovalli von Locarno bis ins italienische Domodossola.

Tor zum Süden: Wer durch den Stadtpark von Lugano läuft, findet dort ein Symbol fürs ganze Tessin

Foto: Jonas Morgenthaler

MERIAN | TIPP

Unser kleines Land

Im Park Swissminiatur bewundern Schweizer ihre Sehenswürdigkeiten im Maßstab 1:25 – und fühlen sich danach ein wenig größer

Was ist die 49?", fragt die Mutter. Das Mädchen blättert im Prospekt und liest stockend: „Aaauso, ääh, Nummero nüünevierzg isch ... Schloss Füfflens." Mutter: „Ja, Schloss Vufflens im Waadt. Ist schön, oder?" Schweizer Familien pflegen im Park Swissminiatur ihr ganz eigenes Ritual: Die Eltern halten vor einer der Sehenswürdigkeiten im Maßstab 1:25, die Kinder müssen den Namen vorlesen, die Eltern erzählen über deren Schönheit. Und erinnern sich, wie sie sich dort zum ersten Mal geküsst oder die beste Forelle ihres Lebens gegessen haben. Ein Ort der Selbstfindung, in dem das manchmal angeschlagene Selbstwertgefühl des kleinen Landes wieder aufgepäppelt wird. Schau, wie schön es bei uns ist!
Der Park gleich neben der Autobahn am Luganer See wird jedes Jahr von etwa 250 000 Menschen besucht, zu sehen gibt es über 120 Modelle. Da steht das Schloss Sargans aus dem Kanton St. Gallen gleich neben dem Hauptsitz des Komitees vom Internationalen Roten Kreuz in Genf. Züge fahren über ein 3,5 Kilometer langes Schienennetz, Gondeln schweben, Schiffe kreisen, sogar eine Autobahn zieht sich zwischen Burgen, Bergen und Chalets entlang. Und da der Park schon 50 Jahre alt ist, sieht man auch Dinge, die es in der realen Schweiz gar nicht mehr gibt: etwa Maschinen der Swissair, einst Symbol helvetischer Verlässlichkeit, die vor einigen Jahren pleiteging. Daneben Flugzeuge des Swissair-Nachfolgers Swiss und der Lufthansa, von der die Swiss mittlerweile übernommen wurde. Zeitloser Klassiker ist dagegen das Heidi-Dorf. Die Landschaft der Region Maienfeld, die Johanna Spyri einst inspirierte, ist minutiös nachgebildet: Heidis Geburtshaus, die Bauernhöfe und das Gemeindehaus sind besonders für japanische Besucher eine echte Attraktion. Die Deutschschweizer dagegen, die den größten Teil der Besucher stellen, bleiben lieber vor dem Bundeshaus stehen, dem Sitz des Schweizer Parlaments. Und so wie das Originalgebäude in Bern vor kurzem renoviert und die Kuppel mit Gold verziert wurde, so soll nun bald auch das Modell entsprechend verschönert werden. Verstärkt wirbt man mittlerweile um ausländische Gäste. Seit kurzem kommen etwa italienische Schulklassen vermehrt in den Park. Ein Erfolg – denn zuvor hatten sich Italiener für die geschrumpfte Schweiz kaum interessiert.

(E 8) **Swissminiatur**, Melide, Tel. 091 640 10 60
www.swissminiatur.ch

LAGO MAGGIORE

(D 6) Ascona
Seit Henri Oedenkoven 1900 seine Kolonie auf dem Monte Verità gründete und plötzlich Künstler und Intellektuelle in Ascona herumspazierten, hat sich das kleine Dorf zum internationalen Touristenziel entwickelt. Der alte Ortskern ist von nicht immer gelungenen Neubauten umrundet, die den engen Gassen und der Promenade die Atmosphäre aber nicht nehmen konnten. Am besten setzt man sich gegen Abend in eines der Cafés und beobachtet, wie sich an der Uferstraße Rentnerpaare, luxusorientierte Freizeitkapitäne und junges Lifestylepublikum mischen. Wichtigste Sehenswürdigkeiten sind: die frühbarocke Fassade des 1620 von der Familie Serodine errichtete Casa Serodine, das seit Jahrhunderten als Schule dienende Collegio Papio mit Renaissance-Innenhof (Ende 16. Jh.) sowie die Kirchen SS. Pietro e Paolo und S. Maria della Misericordia.

Museo Comunale d'Arte Moderna
Das Kunstmuseum zeigt u.a. Werke von Paul Klee, Alexej von Jawlensky, Marianne von Werefkin und Richard Sewald.
Via Borgo 34
Tel. 091 759 81 40
www.museoascona.ch

(C 6) Brissago
Zumindest die Leser von Friedrich Glausers Kriminalromanen verbinden den Ort mit einem typischen Attribut von Kommissar Studer: der Brissago-Zigarre. Seit 1847 wird sie hier produziert, die Fabrik nahe am See kann besichtigt werden (www.centrodannemann.com). Informationen zu den Inseln sind auf S. 118 sowie ab S. 82 zu finden.

Museum Leoncavallo
Kleines Museum im barocken Palazzo Branca Baccalà über den Opernkomponisten Ruggiero Leoncavallo (1857-1919), der zeitweise in Brissago lebte.
www.leoncavallo.ch

(D 7) Indemini
Vom weniger bekannten Ufer gegenüber Ascona und Locarno führt ab Vira ein kurviges Bergsträßchen hinauf zur Alpe di Neggia und weiter in den abgeschiedenen Ort kurz vor der italienischen Grenze. Nur noch wenige Einwohner leben das ganze Jahr hier: In vielen der urigen Steinhäuser aus grauem Gneis sind heute Ferienwohnungen eingerichtet. In der Umgebung gibt es schöne Wanderwege und lohnende Aussichtsplätze wie den Monte Gambarogno.

(D 6) Locarno
Nicht nur während des internationalen Filmfestivals ist Locarno ein beliebtes Reiseziel. Das liegt am milden Klima, der Lage am Nordufer des Lago Maggiore und der geschäftigen und doch lockeren Atmosphäre. Herz der Stadt ist die

 Die großen Lettern (E 8) beziehen sich auf die MERIAN-Karte auf S. 131, die kleinen auf den Stadtplan Lugano S. 133

„Schau, wie schön es bei uns ist": Im Park Swissminiatur spaziert man zwischen mehr als 120 Modellbauten

weite, kopfsteingepflasterte Piazza Grande mit ihren Arkadengängen. Die stattlichen Bürgerhäuser stammen meist aus dem 19. Jh., der hoch aufragende Torre del Comune noch aus dem 14. Jh. Vom Platz führen Gässchen in den alten Stadtkern aus dem 16./17. Jh. hinauf, dort sieht man noch Palazzi vieler Adelsgeschlechter.

Madonna del Sasso
Die gelbe Wallfahrtskirche entstand um 1600 und wurde danach mehrmals verändert. So gestaltete man z.B. im 19. Jh. die Westfassade um. Die Kirche gehört zu einem Kloster mit weiteren Kapellen. Das Innere beeindruckt durch Stuck und alte Kunst, u.a. ein Altarbild des Mailänder Meisters Bartolomeo Suardi, gen. Bramantino (um 1520). Der Hochaltar wurde 1792 errichtet. Erreichbar ist die Kirche mit der Zahnradbahn Locarno – Orselina oder auf einem steilen Kreuzweg.

Castello Visconteo
In dem mehrmals umgebauten Schloss der Mailänder Herzöge Visconti (15. Jh.) befindet sich heute das städtische und archäologische Museum.
Via al Castello
Tel. 091 756 31 70/80

Pinakothek Casa Rusca
In einem Patrizierhaus zeigt die Stadt ihre Gemäldesammlung, zu der viele Schenkungen von Hans und Marguerite Arp gehören. Zu sehen sind Bilder und Skulpturen von Arp, seinen Freunden und Künstlern wie Max Ernst, Pablo Picasso, Georges Braque.
Piazza S. Antonio
Tel. 091 756 31 85

(D/E 6) Magadino
Bolle di Magadino
Geschützte Landschaft am Flussdelta von Ticino und Verzasca, in der sich etwa 240 Vogelarten wohlfühlen. Beim Gang über markierte Wege kann man nachempfinden, wie die gesamte Magadino-Ebene früher ausgesehen haben muss: der Ticino noch nicht kanalisiert, keine Äcker – dafür Auen voller Pflanzen und Tiere.

LAGO DI LUGANO

Wer die Gegend um den verzweigten Luganer See von oben bewundern möchte, hat mehrere Möglichkeiten. Zu den schönsten Aussichtsbergen des Tessins gehören: der Monte Generoso (E 8), auf den man von Capolago aus mit einer Zahnradbahn gelangt. Der Monte Lema (D 7) ist mit einer Seilbahn von Miglieglia aus zu erreichen. Und der Monte San Giorgio (E 8), der wegen Fossilienfunden zum UNESCO-Welterbe erklärt wurde – und den man in knapp zwei Stunden von Meride aus besteigen kann.
In Lugano selbst gelangt man per „Funicolare" (Standseilbahn) auf zwei Berge mit Ausblick: vom Stadtteil Paradiso auf den Monte San Salvatore (www.montesansalvatore.ch), von Cassarate auf den Monte Brè (www.montebre.ch).

(E 7) Cantine di Gandria
Schweizerisches Zollmuseum
Zoll- und Schmugglermuseum in einer idyllisch gelegenen ehemaligen Grenzwachtkaserne am See gegenüber von Gandria. Nur per Schiff erreichbar.
Tel. 091 923 98 43
www.landesmuseen.ch/gandria
Schiffe: www.lakelugano.ch

(E 7) Gandria
Ehemaliges Fischerdorf in bezaubernder Lage am Steilhang direkt beim See. Dank charmanter Gassen und alter Häuser ein beliebtes Ausflugsziel von Lugano aus.

Lugano
Die Stadt ist Finanzzentrum und Urlaubsort mit Flair. Sonnige Parks, ein Kasino und gute Museen machen Lugano attraktiv, die Piazza della Riforma (b 3) ist ein perfekter Ort zum Kaffeetrinken. Dabei kann man nicht nur dem Treiben zuschauen, sondern auch den klassizistischen Palazzo Civico betrachten. Wer einkaufen möchte: Mode und Schmuck findet man in der Via Nassa (b 4/5), Delikatessen in der Via Pessina (b 3).

(a 3) **San Lorenzo**
Die Grundmauern der Kathedrale stammen aus dem 9. Jh., Blickfang ist heute jedoch die prachtvolle Renaissance-Fassade aus Kalkstein (1517), an der man u.a. Reliefbüsten der vier Evangelisten sieht. Der Innenraum wird von einer barocken Umgestaltung aus dem 18. Jh. geprägt.

(a/b 5) **S. Maria degli Angioli**
Im Innern der ehemaligen Klosterkirche aus dem 15. Jh. beeindruckt ein monumentales Renaissance-Passionsfresko des Leonardo-Schülers Bernardino Luini (1529).

(c 3) **Museo Cantonale d'Arte**
Hervorragende Sammlung mit Werken aus dem 19. Jh. bis zur Gegenwart. Gezeigt werden Arbeiten von Paul Klee, Hans Arp, Meret Oppenheim und Ferdinand Hodler.
Via Canova 10
Tel. 091 910 47 80
www.museo-cantonale-arte.ch

(b 5) **Museo d'Arte**
In der Villa aus dem 18. Jh. werden spannende Wechselausstellungen gezeigt, z.B. zu Georg Baselitz, Egon Schiele und Amedeo Modigliani.
Riva Caccia 5
Tel. 058 866 72 01
www.mdam.ch

MERIAN | TIPP

Museo Vincenzo Vela

Die Tessiner lieben ihn – doch nördlich der Alpen kennt man Vincenzo Vela kaum. 1820 in Ligornetto geboren, wurde er in seiner Heimat berühmt mit realistischen Skulpturen. Lange Zeit lebte er in Italien, unter anderem in Mailand und Turin, wo er an der Kunstakademie lehrte. Als überzeugter Liberaler unterstützte er den Kampf für einen italienischen Nationalstaat und porträtierte Helden der Einheitsbewegung wie Giuseppe Garibaldi, Camillo Benso Graf von Cavour und König Vittorio Emanuele II. Beim Sonderbundskrieg – einem Schweizer Bürgerkrieg – kämpfte er 1847 als Freiwilliger aufseiten der liberalen Kantone. 1867 zog sich Vela in seine Villa in Ligornetto zurück, die er in den Jahren zuvor errichten ließ. Das Gebäude wurde zu einem Wohnmuseum: Regelmäßig machte er seine Kunst der Öffentlichkeit zugänglich. Den achteckigen Zentralraum, in dem er seine Gipsmodelle ausstellte, wurde von Zeitgenossen bald als „Pantheon" bezeichnet. 1891 starb Vela und wurde auf dem Friedhof von Ligornetto begraben. Die Villa mitsamt Sammlung und Park vermachte er dem Schweizer Staat. Unter Leitung von Mario Botta wurde das Museum kürzlich umgebaut.
(E 9) Ligornetto
Largo Vincenzo Vela
Tel. 091 640 70 44
www.museo-vela.ch

MERIAN | TIPP

Pause im Park

Berggeschützt und sonnenverwöhnt: Die Gärten an den großen Seen sind üppig und wunderschön

Wer Blumen und Pflanzen liebt, kann sich in den vielen prächtigen Tessiner Parks wochenlang beschäftigen. Zum Beispiel im **Parco Scherrer** in Morcote, der in den dreißiger Jahren von dem Schweizer Kaufmannssohn und Tuchhändler Hermann Arthur Scherrer angelegt wurde. In den Hängen und auf den Terrassen wachsen hier Zwergpalmen, Bambus, Drachenbäume und Libanon-Zeder. Doch Scherrer war die exotische Natur nicht genug: Auch Bauten und Objekte fremder Kulturen brachte er von seinen Reisen mit ins Tessin. So stehen zwischen den Pflanzen originale oder kopierte Statuen und verkleinert nachgebildete Gebäude: ein Nofretete-Tempel, ein siamesisches Teehaus und ein griechischer Tempel, der an die Akropolis erinnert. Mal zieren Elefanten eine Säulenreihe, mal bewacht der falkenköpfige Horus einen Eingang und ein versteinerter Herkules schaut in die Weite. Ein fröhlicher Mix der Kulturen, eingebettet in eine überbordende Pflanzenfülle.
Ebenfalls am Luganer See liegt der Park **San Grato**. Zur schönen Aussicht gesellen sich Azaleen und Rhododendren, auch Ginster gedeiht auf dem säurehaltigen Boden gut. Die Magnoliensammlung im botanischen Garten **Gambarogno** beim Lago Maggiore ist weltweit eine der größten, ergänzt wird sie von Hunderten von Kamelienarten. Auf San Pancrazio, der großen **Brissago-Insel,** gibt es Pflanzen aus Südafrika, Ozeanien und aus den Subtropen Asiens zu sehen. Auch um viele alte Tessiner Villen herum ziehen sich gepflegte Grünflächen, einige kann man besichtigen: Die **Villa Negroni** bei Lugano vereint gleich zwei Parks – einen englischen sowie einen symmetrischen italienischen Ziergarten. Im Park aus den dreißiger Jahren um die **Villa Heleneum** (ebenfalls bei Lugano) wachsen Dattelpalmen, Zedern, Zypressen und ein australischer Eukalyptusbaum. Als Ergänzung bietet sich ein Abstecher in den nahe gelegenen **Parco degli Ulivi** (Olivenpark) an.

(E 7/8) **Botanischer Garten San Grato**, Carona, www.lugano-tourism.ch
(D 6) **Botanischer Garten Gambarogno**, Vairano, www.parcobotanico.ch
(C 6) **Botanischer Garten Brissago-Inseln**, www.isolebrissago.ch
(E 7) **Villa Negroni**, Vezia, www.lugano-tourism.ch
(E 7) **Villa Heleneum**, Castagnola, www.lugano-tourism.ch
(E 7) **Parco degli Ulivi**, Castagnola, www.lugano-tourism.ch
(E 8) **Parco Scherrer**, Morcote, www.promorcote.ch

BELLINZONESE

(D/E 6) Alpe Foppa
Santa Maria degli Angeli
Die postmoderne Kapelle auf 1567 Meter Höhe wurde von Mario Botta entworfen und zwischen 1992 und 1996 gebaut. Von dem architektonischen Meisterwerk mit Malereien von Enzo Cucchi hat man außerdem einen großartigen Ausblick auf die Berge.
www.montetamaro.ch
Anfahrt aus Rivera per Seilbahn

(E 6) Bellinzona
Früher fuhren Touristen meist an Bellinzona vorbei. Das hat sich geändert, seit die drei Burgen der Stadt im Jahr 2000 zum Unesco-Welterbe erklärt wurden (s. Seite 104). In den Kastellen befinden sich Museen. Im Castelgrande gibt sind u.a. Temperazeichnungen auf Papier aus dem 15. Jh. zu sehen, die aus einem abgerissenen Altstadthaus stammen. Im Montebello werden Steinmetzarbeiten aus dem 15. Jh. und regionale archäologische Funde gezeigt, im Sasso Corbaro Wechselausstellungen.

SS. Pietro e Stefano
Erstmals wird die Kirche 1168 genannt, die schöne Renaissancefassade ist Teil eines Neubaus von 1518, der Turm entstand rund fünfzig Jahre später. Im Innenraum dominieren Barock und Rokoko.

MENDRISIOTTO

Zum Teil ist das Mendrisiotto tatsächlich das verkehrsgeplagte und industriell geprägte Gebiet, als das es bei vielen gilt. Doch im südlichsten Zipfel der Schweiz findet man auch Überraschungen, etwa das minimalistische m.a.x.museo in Chiasso (E 9), in dem regelmäßig Design- und Kunstausstellungen gezeigt werden (www.maxmuseo.ch). Oder das friedliche Muggiotal mit seinen idyllischen Dörfern.

(E 9) Mendrisio
In dem Geburts- und heutigen Wohnort von Mario Botta gibt es nicht nur eine Architekturakademie, sondern auch eine hübsche Altstadt, mehrere historische Kirchen und Palazzi sowie ein Museum mit anregenden Ausstellungen zu Künstlern der Moderne, u.a. Paul Klee und Georges Braque (www.mendrisio.ch/Museo/index.htm).

(E 8/9) Valle di Muggio
Eines der ursprünglichsten Täler des Tessins. Es ist nicht nur ein wunderbares Wandergebiet mit mehreren schönen, alten Kirchen (z.B. der Burgkapelle San Pietro aus dem 14. Jh. in Castel San Pietro), sondern gleichzeitig ein ethnografisches Freilichtmuseum. Über das Leben und Arbeiten im Tal informieren thematische Wanderwege, die zu historischen Alltagsobjekten führen: zu Steinbogenbrücken, Mühlen und zu Gebäuden, die zum Trocknen von Kastanien oder zum Kühlen genutzt wurden. Material dazu gibt es im Museumszentrum Casa Cantoni in Cabbio (www.mevm.ch).

VALLE LEVENTINA

Für viele Touristen ist das Leventinatal nur eine Durchgangsstrecke vom Gotthardpass Richtung Süden. Dabei bietet das steil abfallende Tal neben Sehenswürdigkeiten wie die romanische Kirche San Nicola in Giornico eine majestätische Berglandschaft mit guten Wandermöglichkeiten. Etwa im Ritom-Piora-Gebiet

rt des Glücks: Den Parco Scherrer eß ein Schweizer Kaufmannssohn in en dreißiger Jahren anlegen

(C 2) oder im Bedrettotal (B 3). Wer sich in die Zeit vor der Eröffnung des Gotthardtunnels zurückversetzen möchte, kann dies mit der Postkutsche von Andermatt nach Airolo tun (www.gotthardpost.ch).

(D 4) Giornico
Museo di Leventina
Ausstellung über die Geschichte Giornicos und des Leventinatals in einem ehemaligen Wirtshaus mit Fassadenfresken.
Casa Stanga
Tel. 091 864 25 22
www.museodileventina.ch

(B/C 2) Airolo
Museo Nationale del San Gottardo
Museum in 2100 Meter Höhe, das sich der Entwicklung der Passstraße über den St. Gotthard widmet.
St. Gotthard-Hospiz
Tel. 091 869 15 25
www.gotthard-hospiz.ch

(D 3/4) Chironico
Kleines idyllisches Dörfchen mit romanischer freskenverzierter Kirche (Sant'Ambrogio).

VALLE DI BLENIO

Abgeschieden und dadurch gut geeignet für einen ruhigen Wanderurlaub vor großartiger Bergkulisse. Wenig Luxus, viel Natur. Da sich das Tal im unteren Teil weit öffnet, wirkt es lieblicher als andere im Tessin.

E 3) Lottigna
Museo storico di Blenio
Die Ausstellung über das Tal – alte Waffen, Kostüme, Geräte und Uniformen – befindet sich in einem mit Wappen bemalten Palast (um 1500). Fast 300 Jahre lang war er Sitz der eidgenössischen Landvögte.
Tel. 091 871 19 77
museodiblenio.vallediblenio.ch

E 4) Semione
Burgruine Serravalle
Schön gelegene Burgruine aus dem 12. Jh., erhalten sind u.a. noch ein Wehrturm sowie Mauer- und Säulenreste.

CENTOVALLI

Das „Tal der hundert Täler" trägt seinen Namen wegen der vielen Seitentäler zu Recht. Zerklüftet und verzweigt zieht es sich hoch in die Berge, wo es hinter Camedo ins italienische Valle Vigezzo übergeht. Am besten lässt es sich zu Fuß oder mit der Centovalli-Schmalspurbahn erkunden. Die Züge arbeiten sich hoch bis in den Ort Santa Maria Maggiore und wieder runter bis nach Domodossola. Auf 50 Kilometern überquert die Bahn 80 Brücken und Viadukte und fährt durch mehr als 30 Tunnel.

(C 6) Intragna
Über den alten, eng gruppierten Häusern des Ortes erhebt sich stolz der höchste Kirchturm des Tessins, der 65 Meter hohe Campanile der Kirche S. Gottardo. In einem ehemaligen Patrizierhaus befindet sich ein kleines Heimatmuseum.
www.museocentovalli.ch

(C 6) Verscio
Teatro Dimitri
Die meisten Besucher kommen nicht wegen der barocken Kirche und den historischen Häusern, sondern wegen des berühmten Clowns Dimitri. 1971 gründete er hier mit seiner Frau Gunda ein Theater, 1975 eine Theaterschule. Seit 2000 gibt es auch ein Komikmuseum, u.a. mit Plakaten, Fotos und Masken, eingerichtet vom Kurator Harald Szeemann.
Tel. 091 796 25 44
www.teatrodimitri.ch

VALLE ONSERNONE

Eines der wildesten Tessiner Täler. Ein Sträßchen schlängelt sich weit oberhalb des Isorno-Flusses und oft eng am Fels hinauf in kleine Orte, die sich am Abhang festzukrallen scheinen. Was die einen abschreckt, hat Menschen wie Max Frisch, Golo Mann und Alfred Andersch fasziniert: Alle drei lebten in Berzona (D 5). Eher überraschend wirken

Ein Stück Wallis im Tessin: Die Walser brachten diesen Typ von Holzhäusern aus ihrer Heimat mit nach Bosco/Gurin

MERIAN | TIPP

Steinschlag mit Herz

Im Maggiatal lehrt eine Bildhauerschule Laien die Kunst und Technik des Steinmetzens

Wer an schönen Tagen in das Dorf **Peccia** kommt, wird oft von einem gedämpften Hämmern empfangen: ein hartes Taktaktak, ein feines Tiktiktik. Das Geräusch kommt aus der **Scuola di Scultura**, einer 1984 gegründeten Bildhauerschule. Dort kann man den richtigen Umgang mit Marmor und Meißel lernen. Das Publikum ist gemischt, reicht vom Beamten auf Selbstverwirklichungstrip bis zum Architekten auf der Suche nach neuen Formen. Neben Anfängerkursen bietet die Schule auch Spezialprogramme wie „Metallgießen experimentell" und eine mehrjährige Weiterbildung im Steinbildhauen an.

Kreatives Klopfen: Bildhauer-Schüler in Peccia

Geleitet wird sie seit 1987 von dem Bildhauer Alex Naef. Das Material bezieht er meist vom Steinbruch nebenan – in Peccia befindet sich der einzige Marmorabbau der Schweiz. Den Besuchern zeigt Naef beim Gang über den Hof gern die Steinblöcke in ihren verschiedenen Musterungen und Farben: „Schauen Sie, der hier ist ein Virginio-Marmor, ganz hell. Und hier diese Ablagerungen, die sind typisch für den grünen Tigrato!" Und auch aus dem Fluss hat die Schule vor einiger Zeit Marmorbrocken gefischt – ihre Oberfläche ist durch das Wasser besonders glatt geschliffen.
Wer sich an Marmor wagt, sollte eine möglichst klare Vorstellung davon im Kopf haben, was für eine Figur aus dem Material werden soll. Sinnvoll ist es zum Beispiel, den Entwurf vorher zu töpfern. Sonst scheitert auch eine noch so phantastische Idee schnell am widerspenstigen Stein. Im Werkraum der Bildhauerschule stehen auch brachiale Maschinen, riesige Bohrer und Fräsen zum Einsatz bereit, doch wenn möglich bleiben sie unbenutzt. Naef empfiehlt Abstand von der technischen Hilfsmitteln zu halten, man müsse „die Form von Hand suchen", sagt er. Und das gelinge am besten mit viel Gefühl, Holzklöppel und Schlageisen.

(C 4) Bildhauerschule Scuola di Scultura
Peccia im Maggia-Tal, Tel. 091 755 13 04, www.marmo.ch

dann die Paläste aus dem 18. Jh. in Comologno (B 6) im hinteren Tal. Sie wurden von Rückkehrern gebaut, die im Ausland zu Geld gekommen waren.

VALLE MAGGIA

Zusammen mit den Nebentälern Lavizzara, Rovana und Bavona belegt das Maggiatal ein Fünftel der Kantonsfläche. Die Gegend beginnt lieblich und relativ flach an der Talsohle zwischen Avegno (C/D 6) und Bignasco (C 4). Hier bahnt sich der Fluss Maggia seinen Weg durch Auenwald und vorbei an großen Kiesflächen. Viele einfache Wanderwege und schöne Badestellen. Weiter oben wird die Natur alpiner und wilder, besonders im Val Bavona.

(B 4/5) Bosco/Gurin
Auf 1506 m Höhe liegt im Valle Rovana der Skiort Bosco/Gurin. Im Mittelalter wanderten Siedler aus dem Wallis ein. Von diesen „Walsern" zeugt nicht nur der archaische alemannische Dialekt einiger Einwohner, sondern auch die fürs Wallis typischen Holzhäuser. In einem der ältesten befindet sich ein 1938 eröffnetes Museum über die Geschichte der Walser.
Walserhaus: Tel. 091 754 18 19
www.walserhaus.ch

(B/C 4/5) Cevio
Überraschend herrschaftlich wirkt der Hauptort des Tals – von Cevio aus herrschten vom 16. bis Ende 18. Jh. die Landvögte über die Gegend. Ihr Gerichtsgebäude war der Palazzo Pretorio, ihr Wohnsitz die Casa Respini mit einem prächtigen Barockportal.

Museo di Valmaggia
Umfangreiche Ausstellung über das Tal. Behandelt werden der Alltag der Frauen im 19. Jh. und die ehemalige Maggia-Eisenbahn. Auch Funde aus der Römerzeit sind zu sehen.
Cevio Vecchio
Tel. 091 754 13 40
www.museovalmaggia.ch

(C 3) Mogno
San Giovanni Battista
Nachdem eine Lawine 1986 die alte Kirche des Ortes zerstört hatte, entwarf Stararchitekt Mario Botta einen Neubau, der polarisiert, da er in starkem Kontrast steht zur Tessiner Bergdorf-Idylle. Von weitem erscheint die neue Kirche wie ein schräg abgeschnittenes Riesenrohr, im Inneren beeindruckt das Spiel von hellem Marmor und grauem Granit.

(B 4) Val Bavona
Seit Jahrhunderten ist das Tal im Winter fast vollkommen verlassen. Die Natur ist wild, das Wasser mächtig, gut zu beobachten etwa in Foroglio, wo es aus 80 Metern über den Fels in die Tiefe stürzt. Mehrere Wasserkraftwerke liefern Strom, im Tal selbst aber gibt es außer in San Carlo bis heute keinen. Von San Carlo bringt eine Seilbahn im Sommer die Fahrgäste zur Robiei-Alp auf 2000 Meter Höhe.

VAL VERZASCA

Auf den glatt geschliffenen Felsen am Ufer der Verzasca sonnen sich im Sommer gern Badegäste. Außer der Natur ziehen auch die hübschen Orte viele Gäste ins Tal. Nach Corippo (D 5) zum Beispiel – ein Postkartendorf mit dichtgedrängten Rustici, das unter Denkmalschutz steht. Bis 1900 hatte das Dorf noch fast 200 ständige Einwohner, heute sind es weniger als 20. Auch Sonogno (D 4), das abgelegenste Dorf im Val Verzasca, wird viel besucht, dort befindet sich das Heimatmuseum des Tals. Lavertezzo (D 5) ist vor allem durch die mittelalterliche Brücke Ponte dei Salti bekannt, die vor 50 Jahren restauriert wurde.

Verschlossene Schönheit: Wer die Fresken von San Carlo sehen will, muss in einer Gaststätte nach dem Schlüssel fragen

ROMANIK

Das Tessin ist bekannt für beeindruckende romanische Kirchen. Zu den schönsten zählen:

(E 4) Biasca
SS. Pietro e Paolo
Die große Kirche liegt etwas oberhalb des Ortskerns. Das Mauerwerk stammt aus dem 11. und 12. Jh. Umgestaltungen aus der Barockzeit wurden Mitte des 20. Jhs. wieder entfernt. Ergänzt wird die romanische Architektur aber bis heute von einer Säulenvorhalle von 1722. Im Inneren Fresken aus dem 13. bis 17. Jh.

(D 4) Giornico
Viele Urlauber brausen auf der Autobahn an Giornico vorbei und verpassen einen schönen Ort und die Kirche San Nicola, die als bedeutendster Bau der Romanik im Tessin gilt. Giornico war einst ein wichtiger Handelsort.

Santa Maria del Castello
Die Kirche steht zwischen den Mauerresten einer mittelalterlichen Burg. Sie stammt aus dem 12. Jh., wurde mehrmals umgebaut und im 15. Jh. mit Fresken geschmückt.

San Nicola
Das Gotteshaus im lombardischen Stil entstand vermutlich im 12. Jh. Überraschend sind die fremdartigen Portalfiguren, etwa Wachlöwen am Eingang. Hat man sich an das fahle Licht im Inneren gewöhnt, sieht man die Hallenkrypta und den erhöhten Chor. Über dem Mittelfenster ist eine der seltenen Darstellungen der Hl. Dreifaltigkeit als dreifaches Gesicht zu erkennen, die 1628 vom Papst verboten wurden (s. S. 6).

(D 6) Muralto
San Vittore
Die heutige Kirche wurde um 1100 errichtet. An derselben Stelle stand vorher eine römische Villa, danach eine frühchristliche Basilika. Der Turmbau begann 1524 und wurde drei Jahre später unterbrochen (Abschluss erst 1932). Im Innern ein romanischer Freskenzyklus aus dem 12. Jh. Die Kapitelle in der Krypta sind u.a. mit Figuren und geometrischen Motiven geschmückt.

(E 3) Prugiasco
San Carlo
Die Kirche steht frei auf einer Alp mit phantastischer Aussicht. Das Hauptschiff stammt aus dem 11. Jh. und wurde im 12. Jh. durch ein Südschiff und einen Glockenturm erweitert. Im Inneren fällt das Licht auf bemalte Wände mehrerer Epochen, die der Kirche eine sakrale, aber auch lebendige Atmosphäre verleihen. Größter Kunstschatz sind die romanischen Wandmalereien aus dem 11. Jh. im Westen des älteren Schiffs. Die anderen Fresken werden dem Künstlerkreis der Seregnesi (15. Jh.) und Antonio da Tradate (um 1600) zugeschrieben. Die Kirche ist zu Fuß erreichbar aus Prugiasco (ca. 35 Min.) und Leontica (ca. 15 Min.). Schlüssel in den dortigen Gaststätten sowie bei Blenio Turismo in Olivone.

(E 8) Riva San Vitale
Baptisterium San Giovanni
Das Kerngebäude des schlichten, aber formschönen Baptisterium zeigt sich noch so, wie es um 500 gebaut wurde. Die frühchristliche Taufkirche gilt daher als ältester erhaltener Sakralbau der Schweiz. Der Innenraum besticht durch hervorragende Akustik und durch Fragmente vorromanischer und romanischer Fresken.
ViaSettala

(E 8) Rovio
San Vigilio
Die Kirche auf einem Hügel bei Rovio stammt aus dem 11. Jh., ihre Mauern sind noch vollständig erhalten. Im Inneren sieht man einen sitzenden Christus aus dem 13. Jh., darunter eine Madonna und die zwölf Apostel.
Via San Vigilio

MERIAN | TIPP

„Ein bisschen revolutionär“

Tessiner Weine gehören zu den besten der Schweiz. Tipp: im Barrique ausgebauter Merlot

Ich bin immer noch ein kleines Büürli“, sagt Werner Stucky mit einem Lächeln. Wer sein Produkt gekostet hat, möchte anfügen: Ein kleiner Bauer, der auf 4,5 Hektar Land große Weine macht. Und ab Beginn der achtziger Jahre mit einer Gruppe von zumeist deutschschweizer Jungwinzern den Tessiner Weinbau revolutionierte. Doch der bescheidene Stucky will davon nichts hören, wehrt ab. Und gibt schließlich zu: „Es bitzeli revolutionär“ sei man damals schon gewesen.
Der typische Tessiner Wein war früher leicht, einfach und gefällig. Und entstand in Genossenschaftskeltereien aus gekauften Trauben. Selbstkelterer Stucky und seine Mitstreiter Daniel Huber, Christian Zündel, Adriano Kaufmann und Eric Klausener wollten das Weinbau-Potential der Region besser nutzen, hielten die Erträge gering, verwendeten andere Methoden, etwa aus dem Bordeaux. „Ich war der erste, der hier Barriqueweine gemacht hat“, sagt Stucky. Heute zählen solche Tessiner Tropfen zu den besten der Schweiz. Die Arbeit dieser Winzer wirkte sich auf den Weinbau im gesamten Kanton aus. Auch die großen Händler und Kelterer erweiterten ihr Sortiment mit edlen Weinen. Nicht immer muss es heute Merlot sein. Stucky etwa keltert auch einen Weißen aus Sauvignon Blanc und der heimischen Traube Completer. Nicht so sehr aus Experimentierlust – sondern weil er gerne Fisch isst und seine Roten dazu nicht passen.

Gereift an sanften Hügeln: Weinanbau bei Mendrisio

Stucky-Weine gibt es in guten Tessiner Restaurants und bei ihm in Rivera (Tel. 091 946 12 82)

Guter Weinladen Cantina dell'Orso, Ascona (www.orsovini.ch)

Qualitätssiegel VITI sowie D.O.C.

Größtes Anbaugebiet Mendrisiotto

Wichtigste Traube Merlot (ca. 85% der Anbaufläche)

Schönes Weingut Tenuta Bally & von Teufenstein, Vezia (www.tenutabally.ch)

Infos zu Weingütern www.ticino.ch, www.lugano-tourism.ch

RESTAURANTS

(E 3) Aquila
Osteria Piancabella
Von Aquila geht es auf Schottersträßchen rauf, rauf und nochmals rauf (Anfahrtsbeschreibung auf der Website). Wer darauf lieber verzichten möchte: Das Auto unten stehen lassen und eine Stunde hinaufwandern. Am Ziel warten eine Panoramaterrasse, Gerichte mit vielen lokalen Produkten (Bergkäse kosten!) und eine herzliche Aussteigeratmosphäre: Betreiber Daniele Monti war mal Industrieller, hatte genug und übernahm nach einer langen Weltreise die Osteria.
Tel. 091 871 21 44
www.piancabella.ch €

(D 6) Ascona
Locanda Barbarossa
Gourmetrestaurant im historisch-luxuriösen Hotel „Castello del Sole“. Südländische Gerichte, oft mit Produkten des Gutsbetriebs „Terreni alla Maggia“ (siehe Tipp rechts).
Via Muraccio 142
Tel. 091 791 02 02
www.castellodelsole.com
€€-€€€

Ristorante Al Porto
Egal ob Pasta, Risotto oder ein Fisch in Salzkruste – direkt an der Promenade Asconas schmecken solche Köstlichkeiten immer etwas besser. Das Restaurant gehört zu einem schönen Hotel mit Zimmern in vier alten Patrizierhäusern.
Piazza G. Motta
Tel. 091 785 85 85
www.alporto-hotel.ch €-€€

(E 6) Bellinzona
Locanda Orico
Ein Grund mehr, nicht an der Tessiner Kantonshauptstadt vorbeizufahren. Am Herd steht Lorenzo Albrici, ein ehemaliger Schüler des Schweizer Meisterkochs Frédy Girardet. Michelinbesternte französisch-italienische Küche.
Via Orico 13, Tel. 091 825 15 18
www.locandaorico.ch
€€-€€€

Osteria Sasso Corbaro
Man speist in der UNESCO-Welterbe-Burg beziehungsweise in deren Hof und das gut. Serviert werden u.a. Risotti, Grillspezialitäten oder auch Fisch ohne Firlefanz.
Castello di Sasso Corbaro
Tel. 091 825 55 32 €-€€

(E 7) Comano
San Bernardo
Aurelio della Torre gelingt es immer wieder, die Aufmerksamkeit der Gäste trotz der schönen Aussicht zurück auf die Teller zu lenken. Die Gerichte sind raffiniert, ohne den wahren Geschmack der Zutaten zu verlieren.
Tèra d'súra 19d
Tel. 091 941 01 00
www.sanbernardo.ch €€

(C 6) Intragna
Ristorante Stazione
Direkt am Bahnhof, in einem Speiseraum mit großer Fensterfront, kocht Adriana Broggini vorzügliche, auch fürs Auge ansprechende Tessiner Gerichte.
Tel. 091 796 12 12
www.daagnese.ch €-€€

(D 6) Locarno
Locanda Locarnese
Gute Alternative zu den vielen Pizza- und Risotto-Läden um die Piazza Grande. Modernisierte mediterrane Küche mit heimischen Produkten.
Via Bossi 1, Tel. 091 756 87 56
www.locandalocarnese.ch
€-€€

(D 6) Locarno-Muralto
Osteria del Centenario
Früher französisch, jetzt eher italienisch-mediterran: Das „Centenario“ an der Seepromenade in Muralto bleibt eine gute Adresse. Fisch, Ente, Lamm und zahlreiche andere Köstlichkeiten.
Viale Verbano 17
Tel. 091 743 82 22
www.osteriacentenario.ch €€

Die großen Lettern (E 3) beziehen sich auf die MERIAN-Karte auf S. 131, die kleinen auf den Stadtplan Lugano S. 133

Das San Martino in Porto Ronco bietet Mittelmeerküche am schönsten See der Welt

(C/D 6) Losone
Osteria dell'Enoteca
Kleines Gourmet-Restaurant in einem Haus aus dem 19. Jh., seit Jahren mit 17 Gault-Millau-Punkten. Schachbrettboden, Kamin, Holztische. Auch im Garten wird serviert.
Contrada Maggiore 24
Tel. 091 791 78 17
www.osteriaenoteca.ch
Nur Menüs €€€

(e 1) Lugano
Al Portone
Traditionelles Familienrestaurant. Doris Galizzi empfängt die Gäste und hilft beim Wein, Roberto und Sohn Silvio stehen in der Küche. Lassen Sie die zwei am besten frei walten, indem Sie das Menü „Lascia fare a Roberto e Silvio" wählen.
Viale Cassarate 3,
Tel. 091 923 55 11
www.ristorantealportone.ch
Nur Menüs €€€

(E 9) Mendrisio
Atenaeo del vino
Nettes Restaurant mit italienischer Küche im Zentrum von Mendrisio. Stararchitekt Mario Botta ist hier häufig zu Gast.
Via Pontico Virunio 1
Tel. 091 630 06 36
www.atenaeodelvino.ch €€

(D 6) Ponte Brolla
Ristorante Da Enzo
Ein üppiger, am Hang angelegter Garten mit Rosen, Bambus und Palmen, dahinter eine steil aufragende Felswand: Der Ort ist außergewöhnlich und damit bestens geeignet für die vorzügliche Regionalküche, die hier seit Jahren zelebriert wird. Eine kulinarische Institution.
Tel. 091 796 14 75
www.ristorantedaenzo.ch €€

(D 6) Porto Ronco
San Martino
Im San Martino müssen die Terrassengäste die umwerfende Sicht auf Lago Maggiore und Brissago-Inseln nicht mit pampigem Risotto zu überhöhten Preisen bezahlen. Mediterrane Küche (14 Gault-Millau-Punkte), fünf Zimmer mit Seeblick.
Via Cantonale 47
Tel. 091 791 91 96
www.san-martino.ch €€

(E 7) Soregno
Santabbondio
Mehrfach ausgezeichnetes Gourmet-Restaurant. Martin Dalsass widmet sich mit viel Verstand hochwertigen Zutaten wie Milchlamm oder Wild.
Via Fomelino 10
Tel. 091 993 23 88
www.santabbondio.grande stables.ch €€€

(E 7) Taverne
Motto del Gallo
Ein lauschiges Ambiente mit alten Mauern und Pergola im Garten verbindet sich mit der Kochkunst von José De La Iglesia.Ein Michelinstern.
Via Bicentenario 16
Tel. 091 945 28 71
www.mottodelgallo.ch
€€-€€€

(E 9) Vacallo
Conca Bella
Kulinarischer Magnet am Fuß des Valle Muggio: Gian Luca Bos pflegt die mediterrane Küche und erweitert sie durch exotische Zutaten wie japanischen Enoki-Pilze oder Topinambur. Ein Michelinstern.
Via Concabella 2
Tel. 091 697 50 40
www.concabella.ch €€€

(D 5) Vogorno-Berzona
Osteria da André
Seit über 20 Jahren bewirtet André Moser seine Gäste – und serviert solide Gerichte auf hohem Niveau, etwa Steinpilzrisotto mit Kaninchen oder Nudeln mit Saltimbocca.
Rustici della Verzasca
Tel. 091 745 10 81
www.osteria.ch €-€€

GROTTI

Ursprünglich war das Grotto dazu da, um Lebensmittel und Wein kühl zu halten. Mit der Zeit jedoch gestalteten viele Besitzer die an Hänge oder in Felshöhlen gebauten Kellerräume um, installierten einen Kamin und richteten draußen Sitzgelegenheiten ein. Viele dieser Orte wurden schließlich auch für Gäste geöffnet. Heute sind die Grotti genauso typisch fürs Tessin wie die Palmen und die Seen.

(E 9) Tremona
Grotto Grassi
Die Gäste sitzen am Waldrand, vor sich auf dem Steintisch ein ursprüngliches Tessiner Gericht und dazu vielleicht noch ein Glas Merlot. Was braucht es mehr zum Glück? Vielleicht die Ruhe und die Aussicht auf Lugano. Beides gibt es hier auch.
Via ai Grotti
Tel. 091 353 94 04 €

(C 4) Peccia
Grotto Pozzasc
Das Grotto liegt ganz weit hinten im Vallemaggia. Doch die Anfahrt lohnt sich: Die in einer ehemaligen Mühle untergebrachte Gaststätte liegt idyllisch an einem gluckernden Bach, umgeben von einer wunderbaren Landschaft.
Tel. 091 755 16 04 €

(E 8) Pugerna
Grotto dei Pescatori
Alle Romantiker werden sie lieben: die Grotti am Seeufer gegenüber von Lugano, die man nur per Boot erreichen kann. Das Grotto dei Pescatori hat dafür sogar eine eigene Anlegestelle. Von der ist es nicht mehr weit zur schattigen Terrasse. Und zur absoluten Entspannung in garantiert autofreier Umgebung.
Cantine di Gandria
(Anlegestelle „Grotto Pescatori")
Tel. 091 923 98 67 €€
Weitere Grotti dieser Art: Teresa, Descanso, San Rocco (www.grottosanrocco.ch)

MERIAN | TIPP

Nordreis

1997 pflanzte der Landwirtschaftsbetrieb Terreni alla Maggia erstmals Reis im Tessin – und damit so weit im Norden wie fast nirgendwo sonst auf der Welt. Grund dafür war eine Krise auf den Agrarmärkten Mitte der neunziger Jahre: Die Preise von Produkten wie Futtermais purzelten nach unten, und für den Betrieb sah es schlecht aus. „Als Aktiengesellschaft erhielten wir praktisch keine Direktzahlungen vom Staat", erklärt Geschäftsleiter Renato Altrocchi. Und so begann das Experiment mit der neuen Pflanze – das zum Erfolg wurde: „Heute bauen wir Reis auf 60 Hektar an." Dabei sind die klimatischen Bedingungen im Tessin keineswegs gut: Die Wachstumsperiode ist kurz, die Wassertemperatur für den üblichen Anbau auf überfluteten Feldern zu niedrig. Das Kunststück gelang, indem man eine frühreife Sorte wählte und eine Anbaumethode aus Sardinien nutzte. So stehen die Felder nun nicht unter Wasser, sondern werden mit Bewässerungsanlagen beregnet. Das Gut experimentierte auch mit Produkten wie Sojaöl – doch das war ein Flop. Altrocchi vermutet dahinter die Traditionen im Tessin: Risotto essen alle, mit Sojaöl wussten nur wenige etwas anzufangen. Dafür verkaufen sich Wein und Hartweizenteigwaren gut. Im Hofladen steht auch Reispasta - als Sonderangebot. „Ja, die läuft nicht richtig", sagt Altrocchi und lächelt tapfer sein Pionierlächeln.
Terreni alla Maggia SA
(D 6) Ascona, Via Muraccio 105, Tel. 091 791 24 52
www.terreniallamaggia.ch

Preiskategorien

Preis für ein Hauptgericht:
€ bis 30 Franken
€€ 30-50 Franken
€€€ ab 50 Franken

Essen oder schauen? Auf der Terrasse des Hotels Villa Sassa in Lugano ist das schwierig zu entscheiden

MERIAN | BETTEN-TEST

Hotel-Hopping

Mal fein, mal abseits, mal zentral und mal am See. Eine kleine Tour durch die Tessiner Hotellerie

ART DECO HOTEL DEL LAGO, MELIDE

In Melide steht eines der wenigen Tessiner Hotels, die sich vom Adjektiv „traditionell" verabschiedet und das Wort „Design" ins Vokabular aufgenommen haben. Das merkt man am Seafood-Restaurant mit seinen euro-asiatischen Crossover-Kreationen. Die Zimmer sind mit viel Komfort ausgestattet: Stereoanlage, Kaffeemaschine, Flatscreen-TV, Safe. Viel Arbeit und ästhetischer Verstand wurden in die Einrichtung investiert. Umso bedauerlicher ist, dass der Zimmerservice am Testtag wohl frei hatte: Eine Fernbedienung war defekt, Staub verteilte sich auf den Regalflächen, die Lüftung im Bad funktionierte schlecht. Okay, das sehr kleine Zimmer war das letzte freie. Andere sind geräumiger und haben Seeblick. Ein Zimmer weniger und eine Abstellkammer mehr würden dem Haus gut tun.

Fazit: *Die perfekte Kur für Gäste, die ein traditionelles Grotto zu viel besucht haben und nun Urlaub brauchen vom Tessin-Klischee – am besten auf der Hotelterrasse direkt am See.*

GIARDINO, ASCONA Das in den achtziger Jahren eröffnete Giardino (ital. für Garten) liegt etwas abseits und versteckt. Absicht? Auf jeden Fall ist so ein kleiner Gartenkosmos entstanden, in dem Diskretion gewährleistet ist. Das piekfeine Publikum entspannt sich im wohltemperierten Pool oder in der Wellness-Anlage, trinkt im großen Garten einen Apéritif, während sich die Kinder in einer betreuten Bespaßungsecke austoben. Später geht es ins Ristorante Aphrodite (16 Gault-Millau-Punkte) oder ins Ecco. Dort hat sich das junge Talent Rolf Fliegauf mit modernen Gerichten in den Michelin-Sternenhimmel hinaufgekocht. Eine gelungene Rundumsanierung hat durch viel Weiß und verschiedene Violett-Töne den Zimmern den letzten Achtziger-Mief genommen, ohne zu stark auf Design zu setzen. Falls die perfekte Hotelwelt unheimlich zu werden droht, steht ein Fluchtmittel gleich vor der Tür: Einfach eines der kostenlosen Fahrräder verlangen und abdüsen.

Fazit: *Ein guter Rückzugsort. Vorausgesetzt, man fühlt sich wohl in einer feinen, geschlossenen Hotelgesellschaft.*

LUGANO DANTE CENTER, LUGANO

Wer das Dante Center direkt im Zentrum Luganos betritt, fühlt sich wie in einem englischen Traditionshotel: tapezierte Wände, eine große Lobby voller Stoffsessel, Portiers im Livrée, Tageszeitungen und Naschereien, viel Holz und Goldimitat. Selbstverständlich hört man beim Frühstück klassische Musik. Auch der Service ist klassisch im besten Sinne: zurückhaltend, aber zuvorkommend, aufmerksam, aber nicht aufdringlich, gut organisiert und nicht überteuert. Ein Beispiel: Für bescheidene 16 Franken werden dem Gast des Viersterne-Hotels eine schmackhafte Holzofen-Pizza und ein Getränk aufs Zimmer gebracht. Nur das penetrante Parfüm in den Raucherzimmern stört, mit dem man den tief sitzenden Geruch zu vertreiben versucht.

Fazit: *Ein hervorragend geführtes, verlässliches Stadthotel auf gehobenem Niveau.*

MILLENNIUM, LOCARNO Wer Jazz mag, wird sich in dem Stadthotel wohlfühlen: In den Zimmern Porträts von Stars wie Lester Young, aus Lautsprechern erklingt Musik von Armstrong & Co. Freundlicher Service.

Fazit: *Einfaches Hotel in zentraler, etwas unruhiger Lage.*

PALAZZO GAMBONI, COMOLOGNO Überraschend schmücken am Ende des Onsernonetals mehrere Herrschaftshäuser das Dörfchen. Gebaut wurden sie von Auswanderern, die es anderswo zu Geld gebracht haben. So entstand 1730 auch der Palazzo Gamboni. Seit das Gebäude Anfang der neunziger Jahre von der historischen Bürgervereinigung des Ortes gekauft und renoviert wurde, ist es für Gäste offen. Reservieren Sie frühzeitig, damit Sie eines der zwei historischen Zimmer bekommen. Dort wohnen die Gäste im Originalmobiliar, aus den Fenstern hat man einen phantastischen Ausblick. Wenn die etwas unpassenden Lampen gelöscht sind und nur noch eine Kerze brennt, beweist einzig der regelmäßige Schlag der Kirchglocke, dass die Zeit nicht vor vielen Jahrhunderten stehen geblieben ist. Ein neuer Anbau ergänzt das Hotel mit weiteren Zimmern und Bequemlichkeiten wie Sauna und Whirpool. Gefrühstückt wird in der alten Küche. Falls Sie sich über die Nummern auf den alten Töpfen und Pfannen wundern: Die freundliche Wirtin spricht Deutsch und weiß die Antwort.

Fazit: *Der perfekte Ort, um in Vergangenes einzutauchen, etwas herumzuwandern und zur Ruhe zu kommen.*

VILLA CARONA, CARONA Das Haus entstand 1781 als Sommerresidenz für die Unternehmerfamilie Andreoli aus Mailand. Durch eine Heirat in die wichtige Caroneser Künstlerfamilie Scala Mitte des 19. Jahrhunderts wurde die Villa zweigeteilt und ein prächtiger Garten angelegt. 1951

Die großen Lettern (E 8) beziehen sich auf die MERIAN-Karte auf S. 131, die kleinen auf den Stadtplan Lugano S. 133

Pool und See? Wer schwimmen will, muss wählen – zumindest hier im Eden Roc in Ascona

eröffnete das Hotel, später gab man sich dem Zeitgeist hin: Spannteppiche über originalen Böden und Plastikstühle waren das Resultat. Seit der Übernahme durch Cornelia und Jörg Deubner-Marty weht wieder ein Sommerresidenz-Lüftchen durch die Räume: Der Garten erstrahlt in ursprünglicher Pracht, Deckenmalereien wurden freigelegt, die Gänge heller und freundlicher gestaltet. Die Zimmer sind unterschiedlich eingerichtet, mal mehr, mal weniger gelungen. Egal: Spätestens das Frühstück im Grünen und die Aussicht sollten die Erholung garantieren.
Fazit: *Luxus für gestresste Stadtmenschen durch Ruhe statt Nachtleben, Verzicht auf Fernsehgeräte und einen Garten, der dem Drei-Sterne-Hotel eigentlich gleich einen vierten verleiht. Allerdings: Wer kein Auto hat, sitzt abends fest – ab 19 Uhr fährt kein Postbus mehr nach Carona.*

HOTEL FEDERALE, LUGANO Sicher gibt es auch gute Tage, an denen man die Zeit in diesem netten Haus mitten in Lugano genießen kann. An denen man sich über den schönen Frühstückssaal freut und über die Freundlichkeit des Personals. An schlechten Tagen aber ist man in einem winzigen, zellenartigen Einzelzimmer einquartiert, dessen Wände nach vorn spitz zulaufen – eine klaustrophobische Phantasie, die leider Architektur geworden ist.
Fazit: *Ideal für Einzelreisende mit stabiler Psyche.*

(E 8) **Art Deco Hotel Dellago** Melide
Lungolago Motta, Tel. 091 649 70 41
www.hotel-dellago.ch *20 Zi.* €€ - €€€€

(D 6) **Giardino** Ascona, Via del Segnale 10
Tel. 091 785 88 88, www.giardino.ch *77 Zi.* €€€€

(b 3) **Lugano Dante Center** Lugano, Piazza Cioccaro 5
Tel. 091 910 57 00, www.hotel-luganodante.com *83 Zi.* €€€

(D 6) **Millennium** Locarno, Via del Dogana Nuova 2
Tel. 091 759 67 67, www.millennium-hotel.ch *11 Zi.* €€

(B 6) **Palazzo Gamboni** Comologno, Tel. 091 780 60 09
www.palazzogamboni.ch *5 Zi.* €€

(E 8) **Villa Carona** Carona, Piazza Noseed, Tel. 091 649 70 55
www.villacarona.ch *18 Zi.* €€

(a 3) **Hotel Federale** Lugano, Via Paolo Regazzoni 8
Tel. 091 910 08 08, www.hotel-federale.ch *50 Zi.* €€

(D 2) Acquacalda
Hotel Acquacalda
Perfekter Ort für Leute, die die Nähe zur Natur als den wahren Luxus betrachten. Das ausgezeichnete Öko-Hotel des Centro Ecologico Uomo Natura im Bleniotal hat einen innovativen Solarofen im Restaurant und viele Wanderrouten vor der Tür.
Strada del Lucomagno
Tel. 091 872 26 10
www.uomonatura.ch *15 Zi.* €

(D 6) Ascona
Eden Roc
Top-Luxushotel direkt am See mit drei guten Restaurants und von Designer Carlo Rampazzi gestalteten Zimmern. Mit hoteleigenem Hafen.
Via Albarelle 16
Tel. 091 785 71 71, www.edenroc.ch *82 Zi.* €€€€

Riposo
Rückzugsort mitten in Ascona, mit Pool und Panoramaterrasse. Familienfreundliche, kunst- und jazzaffine Gastgeber.
Scalinata della Ruga 4
Tel. 091 791 31 64
www.hotelriposo.ch *32 Zi.* €€

(D 7) Astano
Albergo della Posta
Das kleine Hotel liegt in einem alten Postgebäude. Schöne Gartenanlage, Restaurant und rustikale Zimmer.
Via Trezzini, Tel. 091 608 32 65
www.albergo-posta-astano.ch
15 Zi. €

(C 6) Golino
Cà Vegia
Herberge in einem freskenverzierten Patrizierhaus mit Innenhof direkt am Dorfplatz.
Tel. 091 796 12 67
www.hotel-cavegia.ch *12 Zi.* €

(D 6) Locarno
Belvedere
Am Südhang mit Blick auf Stadt, See und Berge. Mit eigener Seilbahnhaltestelle zwischen Locarno und Orselina.
Via ai Monti della Trinità 44
Tel. 091 751 03 63
www.belvedere-locarno.ch
81 Zi. €€

(C 5) Lodano
Ca'Serafina
Kleine, sympathische Pension im Valle Maggia, in einem urigen Haus aus dem 19. Jh. mit Steintreppen und viel Holz.
Tel. 091 756 50 60
www.caserafina.ch *5 Zi.* €€

(C/D 6) Losone
Albergo Losone
Ein Resort mit einem großem Park voller Palmen, das schon mehrfach als besonders familienfreundlich ausgezeichnet wurde. Breites Freizeitangebot, unter anderem Tennis, Golf und ein Streichelzoo.
Via dei Pioppi 14
Tel. 091 785 70 00
www.albergolosone.ch
55 Zi. €€€€

(a 1) Lugano
Hotel Villa Sassa
Hotelkomplex um eine Villa aus dem ausgehenden 19. Jh. Schöne Aussicht, auch von der Terrasse des Gourmetrestaurants „Ai Giardini di Sassa".
Via Tesserete 10
Tel. 091 911 41 11
www.villasassa.ch
49 Zi. €€€€

(D 6) Ponte Brolla
Albergo Centovalli
Sympathisches Privathotel mit gutem Restaurant.
Tel. 091 796 14 44
www.ristorante-centovalli.ch
12 Zi. €€

(E 8) Serpiano
Hotel Serpiano
Ruhiges Wellness-Hotel mit wunderbarer Sicht auf Lugano und die Alpen.
Tel. 091 986 20 00
www.serpiano.ch *104 Zi.* €€

Preiskategorien

Preise: Hochsaison, Doppelzimmer mit Frühstück
€ bis 150 Franken
€€ 150-250 Franken
€€€ 250-350 Franken
€€€€ ab 350 Franken

Wandern mit Aussicht: Hier vom Monte Boglia auf das Gebiet um den Luganer See

MERIAN | TIPP

Hoch zu den Seen

Niemand muss sich im Tessin zwischen Berg und See entscheiden. Die traumhaft schöne Region Ritom-Piora vereint beides

Der Weg zum Paradies ist steil, doch das eigenartige rote Gefährt braucht dazu nur ein Viertelstündchen. Seit 1921 ist die **Standseilbahn** zwischen **Piotta** und dem **Ritom-Stausee** in Betrieb. Auf der Fahrt bis zur Bergstation überwindet sie 786 Höhenmeter mit einer Steigung von bis zu 87,8 Prozent. Das macht die Standseilbahn zu einer der steilsten überhaupt. Von der Endhaltestelle **Piora** in 1793 m Höhe. ist man in etwa zwanzig Minuten am Stausee, hinter dem sich eine einzigartige See- und Berglandschaft ausbreitet. Bei den Ingenieuren des Gotthard-Basistunnels sorgte die Pioramulde wegen des weichen Bröselsteins für heiße Köpfe, hier oben weckt sie nur Begeisterung. Drei Täler mit mehr als zwanzig Seen umfasst das Gebiet Ritom-Piora. Im Sommer sprießen Glockenblumen, Silberwurz und der seltene Himmelsherold. Auch heimische Orchideensorten wie die Kugelorchis gedeihen. Mit etwas Glück erblickt man ein Murmeltier, eine Gemse oder ein Birkhuhn. Auch Kühe grasen im Piora-Tal. Der aus dieser Alpenmilch hergestellte Käse schmeckt hervorragend. Man kann angeln, Fahrrad fahren und vor allem wandern, einige Stunden oder auch mehrere Tage. Eine beliebte Wanderung führt in etwa vier Stunden von der Bergstation am Ufer des **Lago Ritom** vorbei zum 20 Meter tiefen **Cadagnosee.** Er ist einer der wenigen mit zwei sich nie vermischenden Wasserschichten. Auch zur Erforschung dieses Phänomens arbeiten hier Biologen in einer wissenschaftlichen Station, die in zwei alten Viehhütten verborgen ist. Viele Wanderer umrunden das Gewässer, um in der dortigen Alphütte einzukehren und zurückzulaufen (ca. 3 Std. 45 Minuten). Andere zieht es weiter ins Piora-Tal. Ein Weg führt über den **Passo Sole** nach **Acquacalda im Valle di Blenio** (ca. 4 Std. 45 Min. von der Ritom-Bergstation). Weitere Wanderungen führen zum **Oberalp-** oder zum **Lukmanierpass**, zum **Gotthard** und sogar nach **Andermatt** im Kanton Uri und **Sedrun** in Graubünden.

Die Region Ritom-Piora ist per Standseilbahn oder mit dem Pkw über Altanca erreichbar.
(C 2/3) **Ritombahn** *Mai-Okt. tgl. 8.30-18.30 Uhr Hin- und Rückfahrt 22 Franken*
Hütten: **Berggasthof „Lago Ritom"** (www.lagoritom.com, mit vielen Infos zur Region), **Cadlimo-Hütte** (www.cadlimo.ch)
Cadagno- und Föisc-Hütte (zu finden unter www.capanneti.ch)
Forschungszentrum „Centro Biologia Alpina" www.cadagno.ch
Weitere Infos, auch zur **Standseilbahn:** www.ritom.ch

WANDERN

Egal ob man in Ascona oder im Mendrisiotto Urlaub macht: Immer gibt es in der Nähe einen interessanten Wanderweg. Die Routen sind gut markiert. Gelbe Wegweiser kennzeichnen einfache, gefahrlose Strecken. Mittelschwere Bergwanderwege sind rot-weiß markiert. Blauweiße Schilder führen zu anspruchsvollen Alpintouren für erfahrene und gut ausgerüstete Berggänger. Vorschläge für Wandertouren gibt es – abgesehen von den zahlreichen Wanderführern – im lokalen Tourismusbüro, bei Ticino Turismo (Broschüren oder www.ticino.ch) und bei SchweizMobil (www.wanderland.ch). Eine umfangreiche Linkliste finden Sie auf www.wandersite.ch/links.html unter „Regionale Wandertipps". Dank der vielen Berghütten sind auch Mehrtagestouren möglich. In der Regel bieten sie für Wanderer einfache Mehrbettunterkünfte. Übersicht unter www.capanneti.ch, weitere Infos beim Schweizer Alpen-Club SAC (www.sac-cas.ch). Für Kletterer sind vor allem die Möglichkeiten zum Bouldern (Klettern ohne Seil) groß, u.a. in Chironico (D 3/4) und Cresciano (E 5). Seilklettern geht u.a. in Ponte Brolla (D 6).

Wandervorschläge

(D 7) Vom Monte Lema zum Monte Tamaro

Die „Traversata" vom Monte Lema zum Monte Tamaro (oder umgekehrt) ist ein Klassiker im Tessin. Die Höhenwanderung bietet ein großartiges Panorama. Besonders anstrengend ist die Strecke nicht: Start- und Endpunkt ist jeweils die Bergstation einer Seilbahn. Auf der einen Seite führt die Gondel von Rivera auf die Alpe Foppa, auf der anderen Seite von Miglieglia direkt auf den Monte Lema. Gegen Abend fährt jeweils ein Bus zurück in den Ausgangsort (Miglieglia ab 17.10, Rivera ab 18 Uhr). Die Talstation in Rivera erreicht man über die Autobahn A2 zwischen Lugano und Bellinzona (Ausfahrt Rivera). Dauer ca. viereinhalb Stunden, Infos zu den Seilbahnen etc.:
www.montetamaro.ch
www.montelema.ch

(D 7) Kastanienweg

Der „Sentiero del Castagno" ist ein Rundwanderweg durch die Gegend des Alto Malcantone nordwestlich von Lugano. Er führt durch Kastanienwälder und informiert über deren nahrhafte Frucht. Im 19. Jh. brachte die Kastanie die Tessiner über den Winter, war als „Brot der Armen" für viele monatelang das Grundnahrungsmittel. Heute ist sie eine Delikatesse. Der Weg beginnt in Arosio und führt über Mugena und Fescoggia wieder zurück an den Ausgangsort. Wer im Herbst kommt, kann unterwegs Kastanien sammeln und danach klassisch zubereiten: Schale einritzen, ca. 20 Min. im Backofen rösten, fertig.
Dauer ca. fünf Std. Eine detaillierte Infobroschüre ist bei Malcantone-Turismo erhältlich: Tel. 091 606 29 86 www.malcantone.ch

(C 6) Von Camedo nach Intragna

Anspruchsvolle Wanderung durch das Centovalli-Gebiet. In Locarno steigt man in die Centovalli-Bahn und zuckelt nach Camedo, wo die Wanderung nach Intragna beginnt . Zunächst führt der Weg über eine Landstraße nach Lionza, dann schlängelt er sich auf einem Saumpfad durch die zerfurchte Naturlandschaft, vorbei an Alpweilern und dem Bergdorf Verdasio (gutes Restaurant „Al Pentolino") bis nach Intragna. Von dort führt die Bahn zurück nach Locarno.

Die Lettern (D 7) beziehen sich auf die MERIAN-Karte auf Seite 131

Abflug mit Herzklopfen: Bungee-Sprung vom Verzasca-Staudamm 220 Meter in die Tiefe

Dauer ca. fünf Std. Infos unter www.centovalli.ch oder am Fahrkartenschalter der Centovalli-Bahn in Locarno

(E 8) **Muggio – Bellavista – Muggio**
Rundwanderung im ursprünglichen Valle di Muggio. Der Weg führt von Muggio über Roncapiano zum Aussichtspunkt Bellavista auf dem Monte Generoso, danach über Pianspessa und Tur zurück. Von Bellavista aus kann auch ein Zusatzschlenker zum Gipfel eingebaut werden (Aufstieg ca. 70 Minuten). Bequeme nehmen die Zahnradbahn. Der Weg hat auch kulturell etwas zu bieten, in Tur z.B. lässt sich das Oratorium San Giovanni aus dem 17. Jh. bewundern.
Dauer ca. viereinhalb Std. Infos bei Mendrisiotto Turismo: Tel. 091 641 30 50 www.mendrisiottoturismo.ch

(C 5/6) **Von Ponte Brolla nach Aurigeno**
Eine Wanderung am Bergbach Maggia entlang, ohne viel Steigung und durch schöne Orte mit typischen Steinhäusern. Der Weg beginnt in Ponte Brolla, das von Locarno aus mit Bahn und Bus gut erreichbar ist. Er führt zuerst nach Tegna und dort hinauf zum schön gelegenen Oratorium von Sant'Anna. Weiter geht es durchs Riei-Tal, nach Dunzio und auf der Westseite des Flusses nach Aurigeno. Das Praktische: Bei größerer Wanderlust kann die Strecke weiter ins Tal hinein ausgedehnt werden, etwa nach Someo oder Cevio. Die Rückreise erfolgt entweder zu Fuß oder mit dem etwa stündlich fahrenden Autobus.
Dauer ca. dreieinhalb Stunden (Ponte Brolla – Aurigeno) Infos bei Vallemaggia Turismo: Tel. 091 753 18 85 www.vallemaggia.ch

RADFAHREN

Immer öfter treffen Wanderer in der Schweiz auch in abgelegenen Alpengebieten auf keuchende Mountainbike-Fahrer. Und sind erstaunt über die großen Distanzen, die diese schon zurückgelegt haben. Das Tessin eignet sich sowohl für solche anstrengenden Alpintouren wie auch für einfachere Ausflüge. Ticino Turismo hat für Radfahrer mehrere Prospekte auf Lager, die auch online abrufbar sind (www.ticino.ch). Ausgeschilderte Strecken unterhält die Stiftung SchweizMobil.
www.veloland.ch
www.mountainbikeland.ch

RADFAHREN

An vielen Bahnhöfen verleihen die Schweizerischen Bundesbahnen (im Tessin: FFS) Mieträder, die auch an anderen Stationen zurückgegeben werden können. In den Bahnhöfen von Airolo und Locarno können E-Bikes ausgeliehen werden. Mit denen kann man sogar der Gotthardpass zwischen Airolo und Göschenen ohne viel Mühe überwinden.
www.rent-a-bike.ch

Streckenvorschläge

Biasca – Leventinatal – Piora – Bleniotal – Biasca
Tagestour für geübte Biker von Biasca das Leventinatal hinauf, weiter bergauf zum Lago Ritom, durch das Pioratal und über den Passo Sole ins Valle di Blenio. Nach einer langen Talfahrt landet man wieder in Biasca.

Airolo – Biasca
Mit Bus, Zug oder Auto nach Airolo fahren, dort aufs Rad steigen und auf der Talfahrt nach Biasca in der Landschaft schwelgen. Eine Strecke für Genussradler.

Bellinzona – Ascona
Das Tessiner „Gemüsebeet", die Magadino-Ebene, ist flach und eignet sich daher gut für einen entspannten Fahrradausflug. Von Bellinzona führt ein ausgeschilderter Weg über Locarno bis nach Ascona. Er ist Teil des „Percorso Valle Maggia", einer Zweitagestour von SchweizMobil, die weiter ins Maggiatal nach Cavergno führt.

Am Luganersee
Die Strecke verläuft am Luganersee und eignet sich auch gut für Rennräder. Sie startet beim Flughafen von Lugano in Agno. Man fährt nach Piodella und biegt dort nach Süden zu einem Ufersträßchen ab. Auf diesem umrundet man über Morcote die Halbinsel und überquert nach Melide die große Autobahnbrücke nach Bissone. Weiter gen Süden nach Capolago, dann auf der anderen Seeseite über Porto Ceresio und Ponte Tresa wieder zurück nach Agno.

BUNGEE-SPRINGEN

Der Sprung mit Seil vom (D 6) **Verzasca-Staudamm** 220 Meter in die Tiefe ist der Klassiker im Tessin. Es gibt aber auch andere Möglichkeiten. Wer nicht entlang einer Mauer nach unten segeln möchte, ist in (C 6) **Intragna** an der richtigen Stelle. Dort springt man von einer 70 Meter hohen Eisenbahnbrücke oberhalb des Flusses Isorno. www.trekking.ch

FLUGSPORT

Gleich mehrere Möglichkeiten gibt es, um zwischen den Tessiner Bergen und Seen durch die Lüfte zu schweben. Drachen- und Gleitschirmflieger starten unter anderem vom Monte Lema (D 7), vom Monte Tamaro (D 6/7) und vom Monte Generoso (E 8) (Infos: www.cvlt.ch). Über Ballonfahrten, Rundflüge mit Flugzeugen oder Helikoptern informiert man sich am besten beim Tourismusbüro vor Ort oder am Flughafen Lugano-Agno (E 7) (www.lugano-airport.ch) und am Flugplatz Locarno (D/6) (www.aerolocarno.ch). Dort sitzt auch das Para Centro, ein guter Ansprechpartner für Tandem-Fallschirmsprünge (www.paracentro.ch).

WASSERSPORT

Mit den vielen Seen und Flüssen ist das Tessin ein Wunderland für Wasserratten. In den Wildbächen ist jedoch Vorsicht geboten: Nebst starker Strömung, möglichen Strudeln und rutschigen Steinen kann der Pegel nach Gewittern oder Staudammöffnungen stark ansteigen. Informationen dazu stellt der Kanton Tessin auf www.ti.ch/flüsse zur Verfügung. Badestellen-Tipps finden Sie auf S. 91, Infos zum Canyoning auf S. 55. Immer beliebter unter Abenteuerlustigen wird auch das Flusstauchen. Besonders gut eignet sich dazu das **Verzascatal (www.verzasca.com/river)**. Rafting- und Kanutouren können über viele Funsport-Anbieter wie Swissraft (www.swissraft.ch) oder **Canyoning Adventure (www.canyoningadventure.ch)** gebucht werden. Der Lago Maggiore und der Lago di Lugano sind von zahlreichen Segel- und Windsurfschulen gesäumt. Auch Wasserski wird angeboten, z.B. von Watersports in Tenero (D 6) bei Locarno (www.watersports.ch) oder von Sportbase in Melide (E 8) bei Lugano (www.sportbase.ch).

GOLF

Auf mehreren Anlagen im Tessin lädt ein gepflegtes Green zum Einlochen.
(D 8) Golf Club Lugano, 18 Loch, www.golflugano.ch
(D 6) Golf Club Patriziale Ascona, 18 Loch www.golf-ascona.ch
(C/D 8) Golf Club Gerre Losone 18 Loch, www.golflosone.ch
(D 6) Golfschule Locarno, 6 und 9 Löcher, Driving Range u.a. www.golflocarno.ch

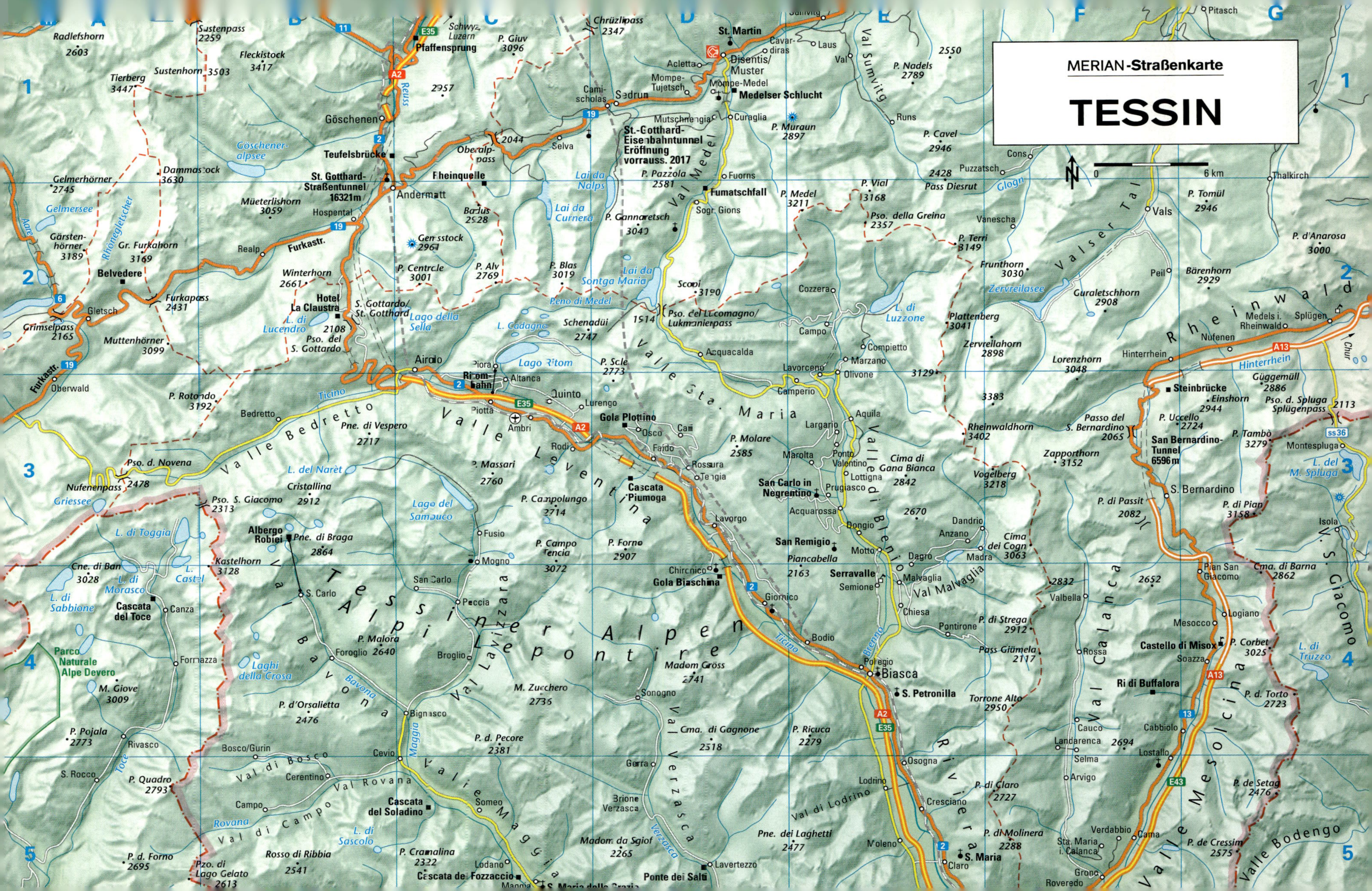
MERIAN-Straßenkarte
TESSIN
0
6 km
St. Gotthard-Straßentunnel 16321m
St.-Gotthard-Eisenbahntunnel Eröffnung vorauss. 2017
San Bernardino-Tunnel 6596m
Tessiner Alpen
Alpi Lepontine
Valle Leventina
Valle Bedretto
Valle Sta. Maria
Valle di Blenio
Val Malvaglia
Val Calanca
Valle Mesolcina
Valle Bodengo
Riviera
Val Verzasca
Valle Maggia
Val Bavona
Val Lavizzara
Val di Campo
Val Rovana
Val di Bosco
Val di Lodrino
Val Medel
Val Sumvitg
Valser Tal
Rheinwald
V. S. Giacomo
Airolo
Andermatt
Göschenen
Teufelsbrücke
Hospental
Realp
Belvedere
Gletsch
Oberwald
Bedretto
Quinto
Ambri
Piotta
Rodi
Faido
Lavorgo
Chironico
Giornico
Bodio
Biasca
Osogna
Claro
S. Maria
Olivone
Acquarossa
Dongio
Malvaglia
Semione
Serravalle
Disentis/Muster
St. Martin
Sedrun
Curaglia
Medelser Schlucht
Fumatschfall
Vals
Splügen
Hinterrhein
Nufenen
S. Bernardino
Mesocco
Soazza
Lostallo
Cama
Roveredo
Rossa
Fusio
Peccia
Broglio
Bignasco
Cevio
Sonogno
Brione Verzasca
Lavertezzo
Ponte dei Salti
Cascata del Toce
Cascata Piumoga
Cascata del Soladino
Gola Piottino
Gola Biaschina
Lago Ritom
Lago della Sella
Lago del Sambuco
Lai da Nalps
Lai da Curnera
L. di Luzzone
Zervreilasee
Göscheneralpsee
Gelmersee
Griessee
Furkapass 2431
Grimselpass 2165
Nufenenpass 2478
Pso. del S. Gottardo 2108
Oberalppass 2044
Pso. del Lucomagno/Lukmanierpass 1914
Passo del S. Bernardino 2065
Pso. d. Spluga/Splügenpass 2113
Pso. d. Novena
Pass Diesrut 2428
Pso. della Greina 2357
Rheinwaldhorn 3402
Dammastock 3630
P. Rotondo 3192
P. Campo Tencia 3072
P. Blas 3019
P. Centrale 3001
Gemsstock 2961
Muttenhörner 3099
Sustenhorn 3503
Fleckistock 3417
Radlefshorn 2603
Tierberg 3447
Gelmerhörner 2745
Gr. Furkahorn 3169
Winterhorn 2661
Müeterlishorn 3059
P. Medel 3211
P. Terri 3149
Frunthorn 3030
Zervreilahorn 2898
Lorenzhorn 3048
Güggernüll 2886
Einshorn 2944
P. Uccello 2724
P. Tambò 3279
Zapporthorn 3152
Vogelberg 3218
Cima dei Cogn 3063
Torrone Alto 2950
P. di Molinera 2288
M. Zucchero 2735
Madom Gröss 2741
P. Forno 2907
P. Campolungo 2714
Cristallina 2912
Kastelhorn 3128
M. Giove 3009
P. Quadro 2793
Rosso di Ribbia 2541

Orte

Losone .... C/D 6

Lugano
Lago di Lugano
Parco Civico
Parco Tassino
Viale Cassarate
Via Serafino Balestra
Viale Carlo Cattaneo
Corso Elvezia
Corso Pestalozzi
Via Carlo Maderno
Via G. B. Pioda
Via Pretorio
Via Cantonale
Via San Gottardo
Viale Stefano Franscini
Riva Giocondo Albertolli
Riva V. Vela
Via Clemente Maraini
Via Nassa
Via della Posta
Via M. Magatti
Piazza Indipendenza
Piazza Dante
Piazza della Riforma
Piazza Manzoni
Piazza R. Rezzonico
Piazza C. Battaglini
Piazza Luini
Piazza Cioccaro
Piazzale P. Pelli
Stazione
Funicolare Lugano-Stazione
Funicolare degli Angioli
S. Lorenzo
Chiesa dei Cappuccini
Chiesa dell' Immacolata
S. Antonio
S. Rocco
S. Carlo
S. Giuseppe
S. Maria degli Angioli
Chiesa Anglicana
Chiesa Protestante
Ginnasio S. Anna
Palazzo di Giustizia
Palazzo dei Congressi
Palazzo Civico
Palazzo già Riva
Palazzo Albertolli
Palazzo Riva
Casino-Kursaal
Museo Storico
Museo Cant. d'Arte
Villa Ciani, Museo Civico di Belle Arti
Museo Cantonale di Storia Naturale
Biblioteca Cantonale
Liceo Scuola Media
Casa d'Italia
Barca del Gottardo
Quartiere Maghetti
Quartiere Canova
Debarcadero Centrale
Hotel Walter au Lac
Castagnola, Gandria, Villa Heleneum, Parco d. Ulivi, Villa Favorita, Monte Brè, Museo delle Culture Extraeuropee
Hotel Splendide Royal, Villa Malpensata, Monte S. Salvatore, Museo d'Arte Moderna
Villa Principe Leopoldo, Autostrada A2
Autostrada A2, Aeroporto, Villa Principe Leopoldo
0 150 m
Autobahn
Autobahnähnliche Straße
Fernverkehrsstraße
Hauptstraße
Nebenstraße
Kantonsgrenze
Flughafen; Flugplatz
Bahnhof
Schloss, Burg; Ruine
Kirche; Kloster
Museum
Touristeninformation
UNESCO-Welterbe
Aussichtspunkt
Golfplatz
Seilbahn
National- und Naturparkgrenze
© MERIAN-Kartographie
a b c d e
1 2 3 4 5

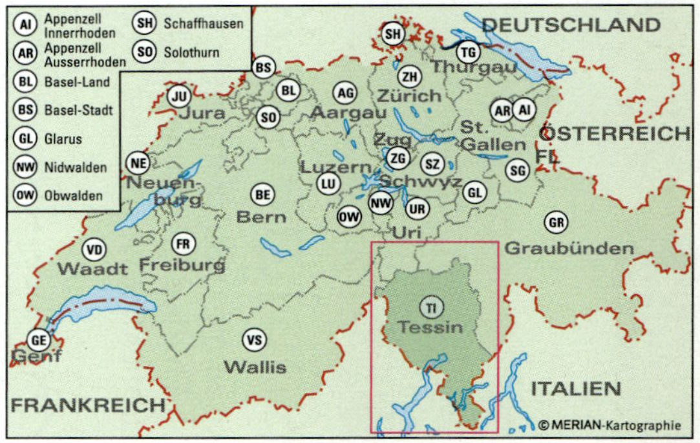
AI Appenzell Innerrhoden
AR Appenzell Ausserrhoden
BL Basel-Land
BS Basel-Stadt
GL Glarus
NW Nidwalden
OW Obwalden
SH Schaffhausen
SO Solothurn
DEUTSCHLAND
ÖSTERREICH
FRANKREICH
ITALIEN
FL
Thurgau
Zürich
Aargau
Jura
St. Gallen
Zug
Luzern
Schwyz
Neuenburg
Bern
Uri
Graubünden
Waadt
Freiburg
Genf
Wallis
Tessin
© MERIAN-Kartographie

MERIAN | TIPP

Königreich Kasino

Ein winziges Stück Italien inmitten des Tessins: Die Enklave Campione d'Italia am Luganer See ist vor allem für Glückspiel bekannt

Gerade ist ein etwa 40-jähriger Herr mitten auf der Straße aus seinem Auto gestiegen und ruft jetzt ohne Anlass und in Zürcher Dialekt, ob man „Puff", also Zoff, wolle. Nein danke, will man nicht. Er steigt wieder ein und braust ohne Erklärung davon. Ein eigenartiger Willkommensgruß an einem eigenartigen Ort: **Campione d'Italia** gehört zu Italien, ist aber vollständig von Schweizer Gebiet umgeben. Gezahlt wird in Franken, nicht in Euro, und auch für Post, Telefon und Zoll ist die Schweiz zuständig. Seit Jahrzehnten lebt der Ort vom Glückspiel. Auf vier Einwohner kommt ein Spielautomat, und die Hauptstraße führt direkt zum Kasino. 2007 eröffnete der Neubau, ein Werk von **Mario Botta**, das schon von weitem gut zu erkennen ist – und wegen seiner monumentalen Formen von vielen Tessinern kritisiert wird. Drinnen dämpfen Teppiche das Blubbern der Automaten, gelegentlich hört man das Murmeln eines Croupiers.

Träume von Reichtum: das 70 Meter hohe Kasino in Campione d'Italia

Einst regierte in Campione nicht das Geld, sondern die Religion: Der langobardische Kaufmann **Toto** vermachte das Dorf an die Diözese von Mailand, so kam Campione **um 777** unter die Herrschaft des dortigen **Benediktinerkloster S. Ambrogio**. Im Mittelalter war der Ort bekannt für seine Steinhauer, die an den Kathedralen von Mailand und Modena mitbauten. Erst **1797** endete mit der Säkularisierung des Klosters die Mönchsherrschaft. Zweimal, **1800** und **1815**, verlangte die Schweiz die Eingliederung des Ortes in ihr Territorium, erfolglos. Das Gebiet wurde Teil des Königreichs und schließlich der Republik Italien. **1933** eröffnete das Kasino, auch der Zusatz „d'Italia" geht auf dieses Jahr zurück. Als inoffizieller Herrscher dieser kleinen Welt galt jahrelang **Prinz Vittorio Emanuele**, Sohn des letzten italienischen Königs. **2006** wurde er wegen verbotener Geschäfte mit Geldspiel und Prostitution verhaftet.

Kasino: www.nuovocasinodicampione.it

GESCHICHTSDATEN

um 4000 v. Chr. Beginn der dauerhaften Besiedlung.
um 400 v. Chr. Kelten aus dem Norden mischen sich mit den bereits ansässigen Ligurern.
196 v. Chr. Die Römer erobern Como, dringen von dort aus weiter nach Norden vor.
4. Jh. Christianisierung.
5.-6. Jh. Hunnen, Ostgoten und schließlich Langobarden fallen in das heutige Tessin ein.
774 Karl der Große unterwirft die Lombardei und gewinnt damit auch das Tessin.
ab dem 9. Jh. Die Comer Bischöfe dehnen ihre Herrschaft aus. Der Nordosten untersteht dem Mailänder Domkapitel.
1182 Die Loslösung der Lombardei vom deutsch-römischen Kaiser bestärkt die Bewohner des Blenio- und Leventinatals darin, den Kampf gegen dessen Statthalter aufzunehmen („Schwur von Torre").
13./14. Jh. Nördlich des Tessins entsteht die Eidgenossenschaft als Netz von Bündnissen, u. a. 1291 zwischen Uri, Schwyz und Unterwalden.
14./15. Jh. Die Mailänder Visconti- und Sforza-Herzöge bauen Bellinzona zur Festung aus und herrschen über das Tessin.
1403 Die Eidgenossen aus Uri nehmen Bellinzona ein.
1422 Mailand erobert das Gebiet zurück.
1478 In der Schlacht bei Giornico (Leventinatal) schlagen der Legende nach 175 Eidgenossen und 400 örtliche Bauern das 10 000 Mann starke mailändische Heer durch eine List in die Flucht. Bis Ende des 15. Jhs. wird das gesamte heutige Tessin eidgenössisch.
1516 Bekräftigung der Vorherrschaft der Eidgenossenschaft durch den „Ewigen Frieden" mit Frankreich. Aufgeteilt in mehrere Untertanengebiete, wird das Tessin von Landvögten verwaltet, die alle zwei Jahre wechseln.
1755 Vergeblicher Aufstand der Bewohner des Leventinatals gegen die Herrscher aus Uri.
1798 Der Plan Napoleons, das Tessin einer von ihm gegründeten Republik in Norditalien zuzuschlagen, scheitert am Widerstand der Einwohner, die der (kurzlebigen) Helvetischen Republik den Vorzug geben.
1803 Das Gebiet erhält offiziell den Namen Tessin und wird einer der 19 Kantone im neuen föderativen Staatenbund.
1814 Erste Tessiner Verfassung. Uri erhebt vergeblich Anspruch auf die Leventina.
1845-47 Im Sonderbundskrieg gegen das separatistische Bündnis katholisch-konservativer Kantone schließt sich das Tessin trotz überwiegend katholischer Bevölkerung der (siegreichen) protestantisch-liberalen Seite an.
1848 Bundesverfassung, Gründung des Schweizer Bundesstaats in seiner heutigen Form.
Mitte-Ende 19. Jh. Innerkantonale Konflikte zwischen Konservativen und Liberalen. Letztere unterstützen die italienische Freiheitsbewegung und bieten verfolgten Kämpfern Asyl.
1872-82 Die Gotthard-Eisenbahnlinie wird gebaut.
1878 Bellinzona wird alleinige Hauptstadt des Tessins.
1900 Henri Oedenkoven gründet die Monte-Verità-Kolonie.
1925 Vertrag von Locarno.
1946 1. Filmfestival in Locarno.
ab ca. 1950 Rasante wirtschaftliche Entwicklung des Kantons, Ausbau der Infrastruktur. Das Tessin wird zur beliebten Urlaubsregion, aus Rustici (alten Scheunen) entstehen Ferienwohnungen.
1967 Einführung des kantonalen Frauenstimmrechts.
1980 Der St.-Gotthard-Straßentunnel zwischen Göschenen (Uri) und Airolo wird eröffnet.
1999 Baubeginn am Gotthard-Basistunnel (Eisenbahn).
2000 Bellinzonas Burgen werden Unesco-Weltkulturerbe.
2003 folgt der Monte San Giorgio als Weltnaturerbe.
2009 Volksabstimmung über eine weitere Öffnung gegenüber der EU. Im Tessin stimmt eine Zweidrittelmehrheit mit „Nein", schweizweit wird die Vorlage aber angenommen.